Mein Bistro zu Hause

Kirsten Eckhart & Willem-Jan Hendriks

Mein Bistro zu Hause

Kleine Köstlichkeiten für den großen Genuss

HÖLKER VERLAG

Dankeschön

Wir danken Jeroen van der Spek für seine atemberaubenden Fotos. Cyn Ferdinandus für seine nie endende Begeisterung und für die kleinen Details. Familie und lieben Freunden, die immer für uns da sind und uns in den letzten Jahren sehr unterstützt haben. Hans und Katja Appelboom vom fantastischen Küchenladen Duikelman, die uns ihre prachtvolle Sammlung antiken Kochgeschirrs ausgeliehen haben. Wil Ottens für seine wunderbaren Backöfen. Johannes van Dam, der uns allzeit die Messer schärft.

Unseren herzlichen Dank an alle!

Willem-Jan und Kirsten

Für die Originalausgabe:
© 2010 Terra Lannoo B.V.
Titel der Originalausgabe: „Zoete en hartige heerlijkheden"
www.terralannoo.nl

Text und Rezepte: Kirsten Eckhart & Willem-Jan Hendriks
Fotos: Jeroen van der Spek
Foodstyling: Cyn Ferdinandus & Kirsten Eckhart
Styling: Cyn Ferdinandus
Layout: Carlo Polman, Oud.Zuid Ontwerp
Druck und Bindung: Printer Trento, Italien

Für die deutsche Ausgabe:
1 2 3 4 5   16 15 14 13 12
ISBN 978-3-88117-837-2
Übersetzung aus dem Niederländischen:
Birgit van der Avoort
Satz: Julia Buschmann
Redaktion: Monika Römer, Christiane Leesker
© 2012 Verlag W. Hölker GmbH, Münster
www.hoelker-verlag.de

Inhalt

Vorwort

Vor drei Jahren eröffneten Willem-Jan und ich ein kleines Café-Bistro mitten im Zentrum von Amsterdam. Wir hatten einige Zeit nach dem richtigen Standort gesucht und, was auch nicht ganz unwichtig ist, nach einer bezahlbaren Übernahmemöglichkeit. Wir hatten lange Geld dafür zur Seite gelegt, aber unser Erspartes reichte leider nicht für ein großes Lokal mit Sonnenterrasse. Stattdessen landeten wir in einer kleinen Gasse, ein bisschen dunkel war es hier, doch wir waren sicher, dass das Café mit schönen Holzdielen gleich viel fröhlicher aussehen würde. Nachdem wir die nette Vermieterin kennengelernt hatten, stand unsere Entscheidung fest, und bereits drei Wochen später konnten wir Eröffnung feiern.

Vor der Eröffnung vom Gartine hatten wir über viele Jahre hinweg schönes antikes Porzellan und Besteck gesammelt, das nun endlich zum Einsatz kam. Erwartungsvoll öffneten wir am ersten Tag unsere Türen. Wir waren bestens vorbereitet: Es stand ein großer Topf mit Suppe bereit, und auf der prachtvollen Zinn-Etagère, die wir in Frankreich gekauft hatten, türmten sich die allerschönsten Cupcakes. Ein paar Freunde und die Familie schauten vorbei, aber das war's dann auch, einmal abgesehen von einem einzelnen Touristen.

Am nächsten Morgen machte ich mich voller Herzklopfen auf, um unsere Visitenkarte in der Redaktion des bekannten Gastro-Kritikers Johannes van Dam abzugeben. Karte dalassen, Däumchen drehen und warten ...

In der Woche darauf wurde es etwas geschäftiger, aber nicht sehr. So gerne hätten wir ein volles Lokal gehabt. Es sollten alle wissen, wie lecker es bei uns schmeckte! Johannes van Dam ... eines Morgens kam er, natürlich hatten wir für ihn einen Tisch direkt neben der Küche. Über seine wundervolle Kritik und das Zitat in einer kleinen Zeitung, für die er schrieb, dass er gern ein Restaurant wie das unsere besäße, waren wir wahnsinnig glücklich. Es folgten weitere Veröffentlichungen, wir durften ins Fernsehen und es wurde voll im Restaurant. Sehr voll sogar.

Wir besitzen einen wundervollen Gemüsegarten, den wir schrecklich lieben. Unser Plan, ein eigenes Stück Land zu bewirtschaften, reifte bereits vor neun Jahren. Meine älteste Schwester Ilse und ich hatten in Sarlat, der kulinarischen Hauptstadt des Périgords in Frankreich, ein kleines Haus gemietet. Es war eigentlich nicht viel mehr als ein Küchenhaus: eine Küche mit zwei bequemen Stühlen, einem großen Kamin und einem winzigen Schlafzimmer. Genau das, was wir suchten. Was nicht im Katalog gestanden hatte: Das Häuschen lag mitten in einem großartigen Gemüsegarten!

Wir waren begeistert. Zurück in den Niederlanden machten wir uns zusammen mit unserer jüngsten Schwester Dagmar auf die Suche nach einem Stück Land, das wir bewirtschaften konnten. Wir hatten Glück. Zu einer Zeit, als die Schrebergarten-Vereine Mühe hatten, ihre Gärten zu verpachten, konnten wir vier nebeneinander liegende Gärten bekommen. Erst später gab es lange Wartelisten. Es war ein brachliegendes Stück Land mit sehr viel Unkraut, das Stück für Stück ausgezupft werden musste.

Mit jedem Jahr wurde der Garten schöner. Die Ernte war üppig, unsere drei Familien konnten sich gut davon ernähren. Willem-Jan und ich hatten zu der Zeit schon konkrete Pläne für ein eigenes Speiselokal. Alles, was wir nicht für den Eigenbedarf brauchten, könnten wir für das Gartine verwenden, so dachten wir. Und genau so haben wir es dann auch gemacht.

Willem-Jan und ich lernten uns vor 15 Jahren in einem damals sehr bekannten Restaurant in Bloemendaal kennen. Wir nahmen an verschiedenen Weinseminaren teil, ich absolvierte zusätzlich ein önologisches Studium. Willem-Jan war Maître und ich Sommelière, wir beide waren jung und lernten alle Fachkniffe vom damaligen Eigentümer des Restaurants.

Durch die zahlreichen Einladungen zu Verkostungen und die Speisen, die uns dort serviert wurden, wuchs unsere Liebe zum Kochen. Die Kreation der besten Wein-Gewürz-Kombinationen wurde zur Obsession. Am liebsten hätte ich den ganzen Tag in der Küche gestanden! Doch das war in dem Restaurant nicht möglich, und so musste ich meine Passion zu Hause ausleben. Wir schafften uns die schönsten, besten, ältesten und dicksten Kochbücher an. Da wir nur eine kleine Wohnung hatten, mussten wir manchmal eben über die Bücher klettern. Ich nahm sie mit ins Bett und stand mit ihnen auf. Ich wollte so viel erfahren! Dieser Hunger nach Wissen, etwa über die Herkunft von Rezepten oder die Art, wie Gerichte früher zubereitet wurden, ist noch immer in mir, und ich hoffe, dass er mich weiter antreibt.

Für alle, die gern im Gartine essen, haben wir nun unsere Lieblingsrezepte aufgeschrieben. Da ich eigentlich alle Gerichte auswendig kenne, musste ich die Rezepte sehr sorgfältig ausarbeiten und bestimmt dreimal testen. Das Buch wurde somit mit größter Sorgfalt zusammengestellt. Wir hoffen sehr, dass es Ihnen viel Freude bereitet!

Kirsten Eckhart und Willem-Jan Hendriks
Amsterdam 2010

THE PEOPLE'S COOKERY BOO.

...ARQUES'S PAR...
...CYCLOPEDIE CULINAIRE...

MODERNE TAARTE...

DE KUNST KOKEN
*Julia Child
Simone Beck
Louisette Bertholle*

LAROUSSE GASTRONOMIQUE

CASSELL'S DICTIONARY OF COOKERY

L'ART CULINAIRE MODERNE

Je sais cuisiner

par
un groupe de cordons bleus

Prix: 12f

ALI-BAB GASTRONOMIE PRATIQUE — ÉTUDES CULINAIRES

Frühling

Der Frühling ist wahrlich eine herrliche Zeit. Das Gartenhaus, das meine Schwestern selbst gebaut haben, ist schwarz gestrichen und hat zwei Türen und antike Fensterrahmen. Wir können die Schubkarre vom Gemüsegarten durch das Haus bis zur Obstwiese schieben, wo sich der Komposthaufen befindet. Das Dach besteht aus transparenten Platten, so dass wir quasi ein zweites Gewächshaus besitzen.

Das Werkzeug haben wir im letzten Winter schärfen lassen, das Gartenhaus ist picobello aufgeräumt und überall stehen junge Pflanzen in den Töpfen. Der Samen, der zuerst in die Erde muss, liegt schon bereit. Wir haben lange auf die ersten Sonnenstrahlen warten müssen. Nun ist es ein Vergnügen, die Gärtner um uns herum zu sehen, die wieder miteinander ins Gespräch kommen. Der Duft des Frühlings liegt in der Luft und unser Garten ist umgegraben. Die ersten Sonnenstrahlen fallen auf die Beete. Abgesehen von den winterharten Kräutern sind sie noch kahl.

Für uns ist das die schönste Zeit des Jahres. Meine Schwester Ilse arbeitet im Winter immer einen Gartenplan für das nächste Jahr aus, an den wir uns weitestgehend halten. Wir möchten den Garten so effizient wie möglich bewirtschaften und möglichst viel Gemüse ernten. Mit Bindfaden und zwei Stöcken stecken wir Breite und Länge der Beete ab und harken alles schön glatt. Zwischen den Beeten legen wir zwei Fuß breite Wege an.

Traditionell wird zuerst Stielmus gesät. Das ist für uns der Startschuss in den Frühling. Stielmus kann prima vorgezogen werden, denn es dauert etwa sieben Wochen, bis es geerntet werden kann. Im Gartine verwenden wir Stielmus für verschiedene Gerichte, etwa für die herzhaften Tartes mit Stielmus und Münster-Käse (Rezept S. 42). Oder es wird zu Suppen verarbeitet. Man kann es auch anstelle von Bärlauch für die Bärlauchsuppe (Rezept S. 25) verwenden. Doch nichts ist leckerer als ein Eintopf aus Kartoffeln und fein geschnittenem jungem Stielmus. Die Leute, die unsere Art des Kochens kennen, wissen, wie üppig und reichhaltig unsere Küche ist. Auch zu Hause kochen

wir den Eintopf gern für uns selbst. Butter gehört unbedingt
hinein und ins Kartoffel-Kochwasser kommt eine kleine Knoblauchzehe, die später mit zerstampft wird.

Später kommt dann der Spinat in die Erde, auch er kann schon
früh gesät werden. Wir säen auf die belgische Art, das heißt,
dass wir die Samen nicht sehr dicht nebeneinander in die Erde
legen, damit die Blätter später größer werden. Für eine reiche
Ernte schneiden wir, wenn der Spinat ausgewachsen ist, die
Blätter einige Zentimeter über dem Herz der Pflanze ab. Danach
kann noch einmal geerntet werden. Natürlich können Sie die
Pflanze auch komplett aus der Erde holen, damit schaffen Sie
Platz für eine neuerliche Aussaat.

Unser Garten liegt innerhalb eines eingedeichten Gebietes und
somit haben wir einen schweren Lehmboden. Das erschwert
den Anbau von tief wurzelnden Gemüsesorten wie Möhren,
Pastinaken und Schwarzwurzeln. In letzter Zeit haben wir
reichlich frischen Mutterboden aufgebracht, dadurch ist die Bo-
denstruktur etwas lockerer geworden. Da wir jedoch auch tief-
wurzelnde Gemüsesorten anbauen, müssen wir Rinnen ziehen
und zusätzlichen Mutterboden hineingeben, anders würde das
Gemüse Risse zeigen.

Wir bauen immer drei Möhrensorten im Garten an. Im Frühling
säen wir Amsterdamse Bak, eine frühe, süße Möhrensorte, und
die Pariser Möhre. Die rundliche Pariser Möhre wächst auf allen
Böden, da sie nicht so tief wurzelt. Sie ist nach zehn Wochen
erntereif und daher eine sehr dankbare Sorte, wenn man eine
möglichst reiche Ernte wünscht. Die dritte Sorte ist Colmar
à Couer Rouge, eine Wintermöhre, die lange gelagert werden
kann. Diese säen wir erst später im Jahr aus.

Um den Garten herum stehen Obststräucher, an denen in jedem Jahr unglaublich viele Früchte hängen. Netze spannen wir
nicht, wir gönnen auch den Vögeln ihren Anteil. An der Gar-
tenseite, an der weder Obststräucher noch Buchenhecke stehen,
werden jedes Jahr Kosmeen gepflanzt. Die großartige Pflanze

blüht von Juni bis September und wird von uns im Frühling in unserem Gewächshaus selbst gezogen. Wenn die jungen Triebe aus der Erde sprießen, werden sie zuerst in größere Töpfe gepflanzt und später dann in die Erde gesetzt.

Das meiste geht bei uns nach Gefühl, sowohl Kochen als auch Gärtnern. Wenn wir säen, haben wir die Größe der Pflanzen vor Augen und wissen ungefähr, wie viel Platz sie brauchen. So ist es auch bei den Kosmeen. Wir holen sie aus dem Gewächshaus, wenn wir denken, dass sie Wind und Kälte standhalten. Manchmal kann das auch schiefgehen.

Die Blumenkästen im Gewächshaus füllen wir mit Pflanzerde und säen darin Erbsen, Bohnen, Patissons und verschiedene Kohlsorten aus. Einige Wochen später können wir die Setzlinge in den Garten pflanzen. Es ist schön zu sehen, wie das zarte Grün langsam aus der Erde kommt. Der Geruch von nasser Erde nach dem Gießen ist einfach himmlisch. Zu der Zeit können wir die ersten Frühjahrskräuter genießen, etwa Pimpernelle, Liebstöckel, Schnittlauch und Bärlauch, die wir großzügig in all unseren Gerichten verwenden. Nun müssen wir nur noch ab und zu wässern und warten, bis alle Samenkörner und Setzlinge Lust haben, aus dem Boden zu kommen.

Brötchen mit Rhabarber-Orangen-Marmelade

Die kleinen Brötchen sind ganz einfach zu backen. Im März kommt der erste Rhabarber aus der Erde und daraus kochen wir diese herrlich frische Marmelade.

Für die Brötchen den Backofen auf 230 °C vorheizen. Mehl, Salz und Natron in einer Schüssel mischen und in die Mehlmischung eine Mulde drücken. 300 Milliliter Buttermilch in die Mulde gießen und alles zu einem glatten Teig verkneten. Bei Bedarf noch etwas Buttermilch zufügen. Der Teig sollte nicht kleben. Den Teig zu einer Kugel rollen und diese auf einer mit Mehl bestäubten Arbeitsfläche leicht flach drücken. Kreise ausstechen und die Brötchen im Backofen 20 Minuten backen.

Für die Marmelade Wasser in einem Topf zum Kochen bringen und die Orange 45 Minuten darin köcheln lassen. Eventuell zwischendurch etwas Wasser nachfüllen, damit die Orange vom Wasser ganz bedeckt ist. Den Rhabarber in 3 Zentimeter dicke Stücke schneiden. Apfelsaft in einem großen Topf erhitzen und den Rhabarber bei geringer Hitze darin weich kochen. Orange unter kaltem Wasser abspülen und mit der Schale in kleine Stückchen schneiden. Die Orangenstückchen zum Rhabarber geben und alles mit dem Stabmixer pürieren. Gelierzucker unterrühren und Früchte 5 Minuten leicht köcheln lassen, bis sich der Zucker aufgelöst hat. In Marmeladengläser füllen.

Für 8 Brötchen

Für die Brötchen:
450 g Mehl
1 TL Salz
1 TL Natron
350 ml Buttermilch
Mehl zum Bearbeiten

Für die Rhabarber-Orangen-Marmelade:
1 Bio-Orange
1 kg Rhabarber, geputzt
150 ml Apfelsaft
500 g Gelierzucker 2:1

Außerdem:
saubere Marmeladengläser

Rührei mit Frühlingskräutern und Crème fraîche

Für 2 Personen

5 Stängel Schnittlauch
1 Stängel Estragon
2 Stängel Petersilie
4 Eier
3 EL Milch
2 TL Crème fraîche
1 Prise Salz
2 EL Butter
1 Knoblauchzehe
(wahlweise)

Das größte Kompliment, das man uns im Gartine machen kann, ist, wenn Gäste, auch die ausländischen, sagen, dass unser Rührei das leckerste sei, das sie je gegessen hätten. Wenn auch das einfachste Gericht mit Liebe und Geduld zubereitet wird, dann schmeckt man das!

Die Kräuter fein schneiden und mit Eiern, Milch, Crème fraîche und Salz mischen. Kräftig verrühren.
Butter in einer Pfanne zerlassen und die verquirlte Ei-Mischung hineingießen. Bei geringer Hitze kurz stocken lassen und dann mit einem breiten Holzlöffel die gestockte Masse immer wieder nach vorn schieben. Das Rührei sollte noch cremig sein, wenn es aufs Brot kommt. Der Trick besteht darin, die Pfanne von der Herdplatte zu nehmen, wenn man denkt, das Ei sei noch nicht ganz gestockt. Durch die Pfannenwärme gart das Ei immer ein wenig nach. Das Rührei mit geröstetem Brot servieren, das vorher leicht mit Knoblauch eingerieben wurde.

Bärlauchsuppe mit cremigem Schafskäse

Meine erste Begegnung mit Bärlauch fand in einem belgischen Wald statt. Ich wollte von meiner ältesten Schwester wissen, woher der herrliche Knoblauchduft käme. Er schien von einem Teppich grüner Blätter aufzusteigen. Zurück in Amsterdam kaufte ich bei Hortus Botanicus Bärlauchpflanzen, die nun einen großen Teil unseres Gartens bedecken. Die Pflanzen stehen in den Niederlanden unter Naturschutz. Wenn Sie diese Suppe zubereiten möchten, aber keinen Bärlauch zur Verfügung haben, dann ersetzen Sie ihn durch 300 Gramm Schnittlauch und 4 Knoblauchzehen.

Die Zwiebeln würfeln. Kartoffeln schälen und ebenfalls würfeln. Die Wurzeln des Bärlauchs entfernen. Knollen und Blätter fein hacken, die Stängel wegwerfen. Butter in einem großen Topf zerlassen und die Zwiebeln 5 Minuten bei geringer Hitze darin andünsten. Kartoffeln und Bärlauch zufügen. Mit Backpapier abdecken, dabei das Papier zwischen Topfrand und Gemüse leicht andrücken. Bei geringer Hitze 10 Minuten garen. Backpapier entfernen, Brühe zugießen und weitere 20 Minuten leicht köcheln lassen. Suppe mit dem Stabmixer pürieren und nach Geschmack Sahne zufügen. Topf zurück auf die Herdplatte stellen und die Suppe erwärmen, aber nicht kochen lassen. Auf Suppenteller geben und mit etwas Schafskäse garnieren.

Für 6 Personen

2 mittelgroße Zwiebeln, geschält
6 Kartoffeln
300 g Bärlauch, Knollen und Blätter, geputzt
65 g Butter
2 l Hühnerbrühe (Rezept S. 167 oder Fertigprodukt)
200 ml Sahne
250 g cremiger Schafskäse, z. B. Brevis

Außerdem:
Backpapier

25

Liebstöckelsuppe mit Kartoffeln und Knoblauch

Dies ist eine der leckersten und einfachsten Suppen, die ich kenne. Willem kochte sie einmal während eines Urlaubs in den Pyrenäen. Am Vorabend hatten wir ein großes Huhn zubereitet. Von den Resten kochte er eine Brühe. Am Wegesrand wuchsen verschiedene Kräuter, die er in die Suppe gab. Für diese Frühlingssuppe eignet sich Liebstöckel ganz hervorragend, denn er wächst bereits sehr zeitig im Frühling.

Die Knoblauchzehen in dünne Scheiben schneiden und die Zwiebeln würfeln. Gänseschmalz und Butter bei mittlerer Hitze in einem großen Topf zerlassen. Knoblauch und Zwiebeln zufügen und hellbraun anschwitzen. Pfanne von der Herdplatte nehmen und das Mehl unter die Knoblauch-Zwiebel-Mischung rühren. Mit einem Schneebesen nach und nach 1,8 Liter Brühe einrühren. Den Topf zurück auf die Herdplatte stellen und die Suppe zum Kochen bringen. In der Zwischenzeit den Liebstöckel fein hacken und in die Suppe geben. Kartoffeln sauber bürsten und mit Schale der Länge nach in dicke Scheiben schneiden. Suppe 20 Minuten leicht kochen lassen und dann die Kartoffelscheiben hineingeben. Weitere 12 Minuten kochen lassen. Die Herdplatte ausstellen und die Eigelbe mit Weißweinessig in einer Schüssel gut verquirlen. 4 Esslöffel Suppe zur Eigelb-Mischung geben und alles zurück in die Suppe geben. Eventuell mit Salz und Pfeffer würzen.

Für 8 Personen

12 mittelgroße Knoblauchzehen, geschält
4 mittelgroße Zwiebeln, geschält
100 g Gänseschmalz
4 EL Butter
2 EL Mehl
2 l Hühnerbrühe (Rezept S. 167 oder Fertigprodukt)
30 g Liebstöckel
8 festkochende Kartoffeln
4 Eigelb
8 TL Weißweinessig
Salz und frisch gemahlener Pfeffer

Windbeutel mit Räucherlachs und Frischkäse

Wenn Sie ein Mittagessen vorbereiten möchten, das Eindruck schindet, dann ist dieses Rezept genau das richtige. Haben Sie nur wenig Zeit, bestellen Sie die Windbeutel rechtzeitig beim Konditor.

Den Backofen auf 220 °C vorheizen. Für den Windbeutelteig Butter mit 240 Millilitern Wasser in einen Topf geben und aufkochen. Mehl auf einmal zugeben und mit dem Holzlöffel kräftig rühren. So lange rühren, bis sich der Teig vom Boden und vom Rand löst und zur Kugel formt. Teig in eine Schüssel geben und nach und nach die Eier mit dem Mixer unterarbeiten. Anschließend Häufchen von 5 Zentimetern Durchmesser auf Backpapier setzen und 7 Minuten backen. Backofenhitze auf 190 °C reduzieren und weitere 20 Minuten backen. Abkühlen lassen.

Für die Frischkäse-Creme Knoblauchzehe, Frühlingszwiebeln und Dill sehr fein hacken. Mit Frischkäse und Meerrettich mischen und mit Salz und Pfeffer würzen.

Die Windbeutel aufschneiden, die untere Hälfte mit der Frischkäse-Creme bestreichen, darauf mit etwas Vinaigrette beträufelte Salatblätter legen und mit 2 Scheiben Lachs abschließen. Mit Kresse bestreuen. Die obere Hälfte des Windbeutels mit ein wenig Creme bestreichen und locker auf die belegte untere Hälfte legen.

Für 4 Personen

Für den Windbeutelteig:
80 g Butter
140 g Mehl
4 Eier

Für die Frischkäse-Creme:
1 Knoblauchzehe, geschält
1 Frühlingszwiebel, geputzt
15 g Dill
350 g Frischkäse
2 TL Meerrettich
Salz und frisch gemahlener Pfeffer

Zum Garnieren:
einige Salatblätter, gewaschen
1 Grundrezept Vinaigrette (Rezept S. 164)
(oder wahlweise Vinaigrette aus Olivenöl und Essig anrühren)
8 Scheiben Räucherlachs
1 Beet Kresse

Außerdem:
Backpapier

Salat mit Spinat, Flusskrebsen, Ei und Selleriedressing

Für 4 Personen

4 Eier
4 mittelgroße festkochende
Kartoffeln
200 ml Hühnerbrühe
(Rezept S. 167 oder
Fertigprodukt)
1 Knoblauchzehe, geschält
100 g Räucherspeck,
in Scheiben
200 g Flusskrebsfleisch
Salz und frisch gemahlener
Pfeffer
15 g Kerbel
15 g Schnittlauch
2 Frühlingszwiebeln
1 Beet Kresse
1 Grundrezept Vinaigrette
(Rezept S. 164)
75 g Sellerie, geputzt
200 g Spinat
1 Kopf grüner Salat, klein
gezupft

Sobald die Nachtfröste hinter uns liegen, säen wir den Spinat aus. Innerhalb weniger Wochen können wir Körbe voll Spinat ernten und ihn nach Herzenslust genießen.

Wasser zum Kochen bringen. Die Eier hineinlegen und in 6 Minuten halbweich kochen. Für harte Eier 2 Minuten länger kochen lassen. Eier unter kaltem Wasser abschrecken und pellen. Kartoffeln gründlich sauberbürsten und der Länge nach in dicke Scheiben schneiden. Brühe aufkochen und Kartoffeln darin 12 Minuten garen. Nach 10 Minuten kontrollieren, ob die Kartoffeln gar sind. Sie sollten nicht zu weich werden. Kartoffeln abgießen und beiseite stellen. Knoblauchzehe fein hacken. Speckscheiben in der Pfanne auslassen, herausnehmen und den Knoblauch ins Fett geben. Darin das Flusskrebsfleisch bei mittlerer Hitze anbraten. Mit Salz und Pfeffer würzen. Flusskrebsfleisch und Knoblauch in einem Sieb abtropfen lassen. Kräuter und Frühlingszwiebeln fein hacken und die Kresse kurz abschneiden. Vinaigrette zubereiten, Sellerie kleinschneiden, zugeben und am besten in der Küchenmaschine oder mit einem Stabmixer pürieren. Spinat- und Salatblätter gründlich waschen und gut trockenschleudern. Mit dem Dressing mischen (Menge nach Geschmack). Die übrigen Zutaten zufügen und den Salat mit den Eihälften garnieren.

Reissalat mit Kokosmilch, Limette und Zuckererbsen

Wenn am Ende des Frühlings die Zuckererbsen geerntet werden, ist das fast wie Ostereier-Suchen. Es gibt immer ein paar, die man übersieht, und zwei Tage später entdeckt man eine viel zu dicke Zuckererbsenschote, die keinerlei Geschmack mehr hat. Wir halten immer etwas Abstand von den Pflanzen, damit wir die Schoten besser sehen können. Je regelmäßiger sie gepflückt werden, desto zahlreicher wachsen sie nach.

Reis in etwas Salzwasser 8 Minuten kochen, abgießen und mit kaltem Wasser abspülen. Salzwasser in einem Topf erhitzen und Zuckererbsen 4 Minuten darin kochen, abgießen und mit kaltem Wasser abschrecken. Zitronengrasstängel erst in der Mitte und dann der Länge nach durchschneiden. Chilischote längs aufschlitzen, von Samen befreien und fein würfeln. Limette auspressen. Knoblauchzehen fein hacken und zusammen mit der Chilischote in 3 Esslöffeln Olivenöl andünsten. Mit der Kokosmilch übergießen. Kokoscreme, Limettensaft, Kaffir-Limettenblätter und Zitronengras zufügen. Die Sauce 10 Minuten leicht köcheln und dann abkühlen lassen.
Aus der abgekühlten Sauce Kaffir-Limettenblätter und Zitronengras entfernen. Kräuter und Frühlingszwiebeln fein hacken und mit dem Reis, den Zuckererbsen, 8 Esslöffeln Olivenöl und der Sauce mischen. Eventuell mit Salz und Pfeffer würzen.

Am besten schmeckt der Reissalat, wenn er bereits am Vortag zubereitet wurde und einen Tag durchziehen kann. Wahlweise können einige Salatblätter mit Dressing dazu angerichtet werden.

Für 4 Personen

400 g Basmatireis
Salz
200 g Zuckererbsen, geputzt
2 Stängel Zitronengras
1 grüne Chilischote
1 Limette
2 Knoblauchzehen, geschält
11 EL Olivenöl
1 Dose Kokosmilch (400 ml)
1 Würfel Kokoscreme
6 Kaffir-Limettenblätter
15 g Dill
15 g Estragon
15 g Petersilie
3 Frühlingszwiebeln, geputzt
frisch gemahlener Pfeffer
grüner Salat (wahlweise)

Marittas Gemüseeintopf

Früher besuchte unsere liebe Freundin Maritta regelmäßig ihre niederländische Tante Jeanne und deren Mann Bernard in Südfrankreich. Sie wohnten schon sehr lange dort und Tante Jeanne war bereits eine richtige Französin geworden, was sich vor allem an ihren fantastischen Kochkünsten zeigte. Wenn Maritta im Frühling nach Nizza fuhr, servierte Tante Jeanne ihr immer ihre Jardinière, einen leckeren Gemüse-eintopf. Diese Tradition setzt Maritta nun schon seit Jahren fort, zur großen Freude von uns, ihren Kindern und ihren Freunden.

In einem hohen Topf den Speck auslassen. Kartoffeln zufügen und einige Minuten von allen Seiten anbraten. Grüne Bohnen, Möhren, Zuckererbsen, Erbsen und Stangenbohnen darüber-schichten. Mit Salz und Pfeffer würzen. Das Ganze wiederho-len, bis alles Gemüse aufgebraucht ist. Jede Schicht mit Salz und Pfeffer und zwischendurch mit Bohnenkraut würzen. Die ganzen Salatköpfe waschen und mit der Oberseite nach unten auf das Gemüse legen. Den Deckel auflegen und alles bei sehr niedriger Hitze 40 Minuten dünsten. Sie müssen kein Wasser zufügen, Salat und Gemüse geben ausreichend Flüssigkeit ab.

Für 4 Personen

100 g Räucherspeck, gewürfelt
500 g kleine Kartoffeln, sauber gebürstet
300 g grüne Bohnen, geputzt
300 g Bundmöhren, geputzt und geschält
300 g Zuckererbsen, geputzt
200 g Erbsen, gepalt
200 g Stangenbohnen, geputzt
Salz und frisch gemahlener Pfeffer
5 kleine Stängel Bohnenkraut
2 Köpfe grüner Salat

Eiersalat mit grünem Spargel

In einem großen Edelstahltopf Wasser zum Kochen bringen.
Den Spargel abspülen und die unteren Enden abschneiden.
Spargel 7–8 Minuten kochen, vorsichtig aus dem Wasser heben
und unter kaltem Wasser abschrecken. Spargelwasser erneut
aufkochen und die Eier 8 Minuten darin garen. In der Zwischenzeit die Kräuter fein hacken, die Gurken fein würfeln und
die Kresse kurz abschneiden. Eier abgießen und im Topf einige
Minuten unter kaltem Wasser abschrecken. Die abgekühlten
Eier pellen und fein hacken. Mit Kräutern, Gurken, Mayonnaise
und Tabasco mischen. Alles mit Salz und Pfeffer würzen.
Brotscheiben mit Rucola oder Salatblättern belegen und darauf
eine großzügige Portion Eiersalat geben. Mit Kresse bestreuen
und die Spargelstangen auf dem Salat anrichten.

Für 6 Personen

12 Stangen grüner Spargel,
geputzt
12 Eier
15 g Dill
15 g Estragon
15 g Schnittlauch
15 g glatte Petersilie
6 mittelgroße saure Gurken
1 Beet Kresse
6 EL Mayonnaise
(Rezept S. 171)
eventuell einige
Spritzer Tabasco
Salz und frisch gemahlener
Pfeffer
6 Scheiben frisches Brot
Rucola oder grüner Salat

Nudelsalat mit Schinken, Erbsen, Parmesan und Basilikumdressing

Für 4 Personen

500 g sehr große
Muschelnudeln
2 TL Salz
4 EL Olivenöl
frisch gemahlener Pfeffer
1 Kopf Lollo Rosso,
gewaschen und klein gezupft
200 g Ardenner Schinken, in
dünne Scheiben geschnitten
100 g Erbsen
15 g Dill
15 g Estragon
2 Frühlingszwiebeln, geputzt
1 Grundrezept Vinaigrette
(Rezept S. 164)
75 g Basilikum
200 g Parmesan

Im Gewächshaus zeigen sich bereits die ersten Blätter an den Basilikumstängeln. Wir haben verschiedene Sorten wie das kleine griechische Basilikum, die Sorte Dark Night, ein rotblättriges Basilikum aus dem Fernen Osten, ein Zimt-Basilikum und natürlich das bekannte grüne Genoveser Basilikum. Das grüne Basilikum verwenden wir im Gartine für unser Vinaigrette-Grundrezept.

Reichlich Wasser in einem Topf zum Kochen bringen, Salz hineingeben und die Muschelnudeln etwa 12 Minuten darin kochen (dann kontrollieren, ob die Nudeln gar sind).
Nudeln in einen Durchschlag schütten und mit kaltem Wasser abspülen. Abtropfen lassen. In einer Schüssel Nudeln mit Olivenöl mischen und mit Pfeffer würzen. Salat gründlich waschen und gut trockenschleudern. In jede Muschelnudel ein Stückchen Schinken stecken. Wasser in einem Topf zum Kochen bringen und die Erbsen darin 4 Minuten kochen, anschließend abgießen und mit kaltem Wasser abspülen. Gut abtropfen lassen. Kräuter und Frühlingszwiebeln fein hacken.

Die Vinaigrette mit einem Bund Basilikum in der Küchenmaschine zu einer Paste verarbeiten. Salat mit der Basilikum-Vinaigrette mischen und in einer großen Schüssel oder auf 4 Tellern anrichten. Muschelnudeln mit etwas Vinaigrette beträufeln und mit Frühlingszwiebeln und Kräutern mischen. Muscheln und Erbsen auf dem Salat anrichten. Parmesan in dünne Scheiben hobeln und über den Salat streuen.

Herzhafte Stielmus-Käse-Tartes

Für 6 Personen

1 kg Stielmus
1 TL Salz
6 Platten Blätterteig (TK)
1 Knoblauchzehe, geschält
1 mittelgroße Zwiebel,
geschält
125 ml Sahne
125 ml Milch
3 Eier
1 Msp. Curry
frisch gemahlener Pfeffer
1 Eigelb
200 g Münster-Käse, in
kleine Scheiben geschnitten

Außerdem:
1 Silikon-Muffinblech
für 6 Stück
Fett für die Form

Diese kleinen Tartes können gut zusammen mit anderen herzhaften und süßen Gerichten zum Afternoon Tea serviert werden.

Stielmus gründlich waschen. Reichlich Wasser mit 1/2 Teelöffel Salz zum Kochen bringen, Stielmus hineingeben und 2 Minuten garen. In einen Durchschlag geben und gut abtropfen lassen. Eventuell noch ein paar Teller als Gewicht auflegen. Inzwischen den Backofen auf 190 °C vorheizen. Blätterteigplatten auftauen lassen, die Vertiefungen im Muffinblech einfetten und die Blätterteigplatten hineinlegen. Dabei sollte der Teig etwa 1 Zentimeter am Rand überhängen, der restliche Teig wird abgeschnitten. Stielmus, Knoblauchzehe und Zwiebel sehr fein schneiden und gut mischen. Die Mischung auf die Vertiefungen verteilen. Sahne, Milch, Eier, Curry, 1/2 Teelöffel Salz und etwas Pfeffer gut verrühren. Über das Gemüse gießen und dabei Vertiefungen bis knapp an den Rand füllen. Überhängende Teigränder darüberschlagen und mit Eigelb bepinseln. Die Tartes etwa 25 Minuten im vorgeheizten Backofen backen. Auf jede Tarte eine Scheibe Münster-Käse legen und weitere 5 Minuten backen. Aus dem Backofen holen, 10 Minuten abkühlen lassen und erst dann aus der Form lösen.

Madeleines mit Pistazien

Für 15 große Madeleines

200 g Pistazienkerne
50 g Mandeln
150 g Butter
150 g Zucker
65 g Puderzucker
40 g Mehl
1 Prise Salz
190 g Eiweiß
Puderzucker zum Bestäuben

Außerdem:
2 Silikon-Madeleine-Formen
für je 9 Stück
Sonnenblumenöl für die
Form

Den Backofen auf 200 °C vorheizen. Pistazien und Mandeln auf dem Backblech verteilen und 8 Minuten im Backofen rösten. Herausnehmen, abkühlen lassen und in der Küchenmaschine fein mahlen. Butter bei geringer Hitze zerlassen. Gemahlene Mandeln und Pistazien, Zucker, Puderzucker, Mehl und Salz in einer großen Schüssel gut mischen. Zuerst das Eiweiß und anschließend die zerlassene Butter unterrühren. Formen mit Öl einpinseln und in jede Vertiefung 1 Esslöffel Teig füllen. Backofentemperatur auf 190 °C reduzieren und die Madeleines 12 Minuten backen. Herausnehmen, direkt aus der Form lösen, mit der Muschelseite nach oben auf ein Backblech legen und weitere 3 Minuten backen. Mit Puderzucker bestäuben. Entweder warm servieren oder abkühlen lassen.

Holunderblütensirup

Es macht einen Heidenspaß, sich das Essen in der Natur selbst zu suchen. So wie bei diesem Holunderblütensirup. Holunderblüten findet man zu dieser Jahreszeit überall. Verwenden Sie nur Blüten, die sich gerade geöffnet haben und noch nicht braun sind. Morgens ist ihr Duft am intensivsten. Pur oder mit Mineralwasser schmeckt der Sirup herrlich an den ersten warmen Frühlingstagen.

Zitrone und Grapefruit gründlich abspülen und in Scheiben schneiden. Blütendolden in einen Topf geben und Zitronen- und Grapefruitscheiben dazulegen. Mit kochendem Wasser übergießen. Zucker, Zitronensäure und Zimtstangen zufügen. Den Inhalt gut verrühren, bis der Zucker sich aufgelöst hat. Die Mischung abkühlen lassen und für 3 Tage in den Kühlschrank stellen. Zwischendurch immer wieder umrühren. Nach 3 Tagen durch ein Sieb streichen und den Sirup in saubere, möglichst sterilisierte, gut verschließbare Flaschen füllen.

Für 1 1/2 l Sirup

1 Bio-Zitrone
1 Bio-Grapefruit
30–40 Holunderblütendolden, verlesen und gesäubert
1 1/2 l kochendes Wasser
1 kg Zucker
40 g Zitronensäure (Apotheke)
2 Zimtstangen

Zitronen-Baiser-Tarteletts

Die erfrischenden Tartes sind wirklich köstlich. Lemon-Curd lässt sich ganz einfach selbst zubereiten. Sie brauchen nur etwas Zeit. Im Feinkostgeschäft oder im guten Supermarkt können Sie auch fertigen Lemon-Curd kaufen.

Für den Boden die Butter bei geringer Hitze in einem Topf schmelzen lassen. Kekse in der Küchenmaschine fein mahlen und bei laufendem Motor die Butter zufügen. Muffinbleche einfetten und auf ein Backblech setzen, das in den Kühlschrank passt. In jede Vertiefung 1 Esslöffel Teig füllen, fest andrücken. Die Bleche für 10 Minuten im Kühlschrank kalt stellen.

Für die Creme die Gelatineblätter 10 Minuten in kaltem Wasser einweichen lassen. In der Zwischenzeit die Zitronen auspressen und den Saft bei geringer Hitze leicht erwärmen. Die gut ausgedrückte Gelatine zum Saft geben und so lange rühren, bis sie sich aufgelöst hat. Den Saft 10 Minuten abkühlen lassen. Sahne mit Zucker steif schlagen und nach und nach die Zitronenmischung unterheben. Zum Schluss den Lemon-Curd zugeben und die Masse gut durchrühren. In die Muffin-Formen füllen. Mindestens 2 Stunden im Kühlschrank kalt stellen.

Für das Baiser Eiweiße in einer sauberen, fettfreien Edelstahlschüssel mit 1 Messerspitze Salz steif schlagen. Dabei nach und nach Puderzucker zugeben. Die Tartes aus der Form lösen. Das geht am besten mit einem scharfen Messer (Vorsicht beim Boden). Die Baisermasse auf den Tarteletts verteilen und entweder 2 Minuten unter den heißen Backofengrill setzen oder mit einem Hand-Gasbrenner kurz überbrennen.

Für 12 Tarteletts

Für den Boden:
50 g Butter
200 g Erdnusskekse

Für die Creme:
5 Blatt Gelatine
2 Bio-Zitronen
450 ml Sahne
30 g Zucker
4 EL Lemon-Curd
(Rezept S. 176)

Für das Baiser:
4 Eiweiß
1 Msp. Salz
180 g Puderzucker

Außerdem:
2 Silikon-Muffinbleche
für je 6 Stück
Fett für die Form

Rhabarber-Rolle

Für 6 Personen

1 Bio-Orange
50 g Haselnusskerne
300 g Rhabarber
80 g Zucker
4 Platten Blätterteig (TK)
75 g Marzipanrohmasse
1 Eigelb
Zucker

Außerdem:
Backpapier
Mehl zum Bearbeiten

Von der Orange die Schale ohne das Weiße fein abreiben und den Saft auspressen. Haselnüsse in einer Pfanne ohne Fett rösten. Den Backofen auf 200 °C vorheizen. Rhabarber waschen, putzen und in Stücke schneiden. Mit Zucker, Orangenschale und Orangensaft in einem Stieltopf leicht erhitzen, bis der Rhabarber weich ist. In einem Sieb abtropfen lassen. Blätterteigplatten auftauen lassen und zu zwei länglichen Rechtecken zusammenlegen. Dazu jeweils 2 Platten mit den Rändern übereinanderlegen und mit etwas Wasser verkleben. Die Platten auf ein mit Backpapier ausgelegtes Backblech legen. Nüsse in der Küchenmaschine fein mahlen und mit dem abgetropften Rhabarber mischen. Arbeitsfläche mit Mehl bestäuben und Marzipan darauf ausrollen. Die Marzipanplatte sollte etwas kleiner sein als die zwei Blätterteigplatten. Marzipanplatte auf den Blätterteig legen und die Rhabarbermischung darauf verteilen, dabei die Ränder freilassen. Den äußeren Blätterteigrand mit Wasser anfeuchten und die zweite Blätterteigplatte auflegen. Am Rand rundherum gut andrücken. Oberseite mit Eigelb bestreichen und mit Zucker bestreuen. Mit einem scharfen Messer die Oberseite mehrfach quer einschneiden und die Rhabarber-Tarte 35 Minuten im Backofen backen.

Sommer

Für uns ist der Sommer die geschäftigste Zeit des Jahres. Dann beginnen wir im Gartine bereits um sechs Uhr morgens. Wir machen alles selbst und das braucht eben seine Zeit. In unserem Café ist meist bis spätnachmittags viel los und erst um halb sieben sind wir mit dem Aufräumen fertig. Dann geht's in unseren Gemüsegarten, der etwa 25 Kilometer außerhalb von Amsterdam liegt. Mit Hacke, Heckenschere und Harke machen wir uns gleich an die Arbeit, manchmal für eine Stunde, manchmal etwas länger. Meist nehmen wir eine Flasche Wein und ein paar Leckereien mit, wir wässern die Pflanzen und treten dann sehr zufrieden unseren Heimweg an. Ilse, die den Garten noch immer mit uns zusammen bewirtschaftet, ist meist mittwochs und am Wochenende dort anzutreffen. Manchmal kommen wir kaum nach mit der Ernte, doch wenn uns alles über den Kopf wächst, springt die Familie ein. Zusammen streifen wir die Beeren von den Sträuchern, es wird viel geredet und gelacht. Im Sommer sieht der Garten prächtig aus. Die Blumen blühen, der Lavendel duftet betörend und nur das Zwitschern der Vögel und das Summen der Insekten ist zu hören. Der Pfirsichbaum, den wir im letzten Jahr pflanzten, trägt in diesem Jahr zum ersten Mal Früchte. Die Ernte ist überreichlich. Meist frieren wir einen Teil der Früchte direkt nach der Ernte ein, ein anderer Teil wird zu Marmelade verarbeitet und der Rest wird mit bestem Alkohol angesetzt, um ihn im Winter zu genießen.

Unser Gewächshaus haben wir gegen Ende des Frühjahrs weiß gestrichen, als Schutz vor allzu großer Hitze. Drinnen empfängt den Besucher eine bunte Farbenpracht. Wir haben eine Menge Tomatensorten. Eigentlich ist das Gewächshaus schon wieder zu klein, denn wir würden gern noch weitere Sorten anpflanzen. Zurzeit wächst hier Black Prince, eine alte, aus Sibirien stammende dunkelbraune Sorte. Daneben gibt es die Poire Mémé, eine seltene gelbe, belgische Sorte, die frisch und saftig schmeckt. Wir haben auch Fleischtomaten, etwa die Brandywine Pink Red, eine historische Sorte aus Pennsylvania. Im Gewächshaus wachsen herrlich saftige Gurken und Paprika, aber es dauert noch ein wenig, bis sie geerntet werden können. Es finden sich wirkliche Köstlichkeiten im Garten! Ich träume

an langen Arbeitstagen immer von der Zukunft. Davon, wie ich
als alte Frau zusammen mit Willem-Jan noch mehr Zeit im Gemüsegarten verbringen kann. In dieser Zeit des Jahres können
wir die ersten Äpfel pflücken und ich liebe diese Aufgabe. Wie
spannend ist es auch herauszufinden, wie viele Kartoffeln unter
der Erde sitzen. Jedes Mal gibt es ein großes Ah und Oh, wenn
besonders große Exemplare zum Vorschein kommen. Natürlich
kann man es sich nicht immer aussuchen, aber am besten erntet
man Kartoffeln bei trockenem Wetter. Sie sollten möglichst in
großen Kisten aufbewahrt werden, in denen die Luft zirkulieren
kann. Wir haben früher einmal eine große Zahl alter Gemüse-
Holzkisten ergattern können. Die Kartoffeln sollten unbedingt
auf faule Stellen untersucht werden, bevor sie in die Kiste kommen, sonst stecken sie die anderen sofort an. Knollen gut abdecken, so dass sie dunkel lagern.

Im Frühjahr haben wir aus Bambusstöcken Wigwams gebaut
und daran ranken mittlerweile verschiedene Bohnensorten
empor. Unter den Bambusstöcken ist noch genug Platz, um
Stangenbohnen auszusäen. Diese werden etwa einen Meter
hoch, meistens säen wir französische Prinzessbohnen und gelbe
Wachsbohnen. Wir lieben auch junge Schnittbohnen und einfache Brechbohnen. Stangenbohnen sollten Sie unbedingt mit
gekochtem Ei, gebratenem Speck und etwas Butter probieren.
Das ergibt ein leckeres Gericht, das den Beginn des Sommers
einläutet. Wir bauen außerdem verschiedene Zucchini-Sorten
an. Oft hört man von Leuten, die nicht wissen, wohin mit den
vielen Zucchini. Der Trick ist, sie früh zu ernten, wenn sie noch
klein sind. Die geraspelte Schale der Zucchini lässt sich hervorragend unter einen einfachen Rührteig mengen. Der goldgelbe
Kuchen erhält dann einen leicht grünlichen Ton. Für das neue
Jahr haben wir Samen für eine großartige, fast schwarze Zucchi-
ni-Sorte bestellt, die sogenannte Black Beauty. Im Kräutergarten,
um den Ilse sich kümmert, wachsen ganz unterschiedliche
Kräuter. Das Pflücken nimmt kein Ende, immer wieder wachsen neue Blätter nach. Vor dem Ende der Gartensaison hängen
wir einen Großteil der Kräuter, zu Bündeln gebunden, im Gartenhaus zum Trocknen auf.

Waffeln mit marinierten Erdbeeren und Schlagsahne

Für die Marinade bereits am Vortag Traubensaft mit Zucker, Sternanis und dem ausgekratzten Mark der Vanilleschote erhitzen, bis sich der Zucker aufgelöst hat. Die Marinade gut abkühlen lassen und die halbierten Erdbeeren hineinlegen. Über Nacht im Kühlschrank durchziehen lassen.

Für die Waffeln die Butter zerlassen. Das Ei trennen. Mehl mit dem Backpulver mischen und Butter, Eigelb, Zucker und Milch zugeben. Das Eiweiß steif schlagen und unter den Teig heben. Das Waffeleisen erhitzen und, falls nötig, mit etwas Öl einfetten. Die Waffeln hellbraun backen.

Für die Schlagsahne die Sahne mit dem Zucker steif schlagen.

Für 6 Personen

Für die Marinade:
1/4 l heller Traubensaft
70 g Zucker
1 Sternanis
1 Vanilleschote
500 g Erdbeeren, geputzt
und halbiert

Für die Waffeln:
75 g Butter
1 Ei
250 g Mehl
1 TL Backpulver
50 g feiner brauner Zucker
1/4 l Milch

Für die Schlagsahne:
1/4 l Sahne
2 EL Zucker

Außerdem:
Waffeleisen
ggf. Sonnenblumenöl zum
Backen

Hagebuttensirup mit Quark

Für 6 Personen

500 g Hagebutten
750 g Zucker

Dieses Rezept eignet sich gut, um alles, was im Garten oder am Wegesrand wächst, zu einem leckeren Sirup einzukochen.

Hagebutten gründlich waschen und klein schneiden. 3/4 Liter Wasser zum Kochen bringen und Hagebutten 5 Minuten darin kochen. 20 Minuten abkühlen lassen. Anschließend auf ein Sieb schütten und mindestens 3 Stunden abtropfen lassen. Flüssigkeit auffangen. Fruchtmasse und Flüssigkeit beiseite stellen.

Nach 3 Stunden 1/4 Liter Wasser aufkochen und die Fruchtmasse hineingeben. Einige Minuten kochen und dann kurz abkühlen lassen. Durch ein Sieb seihen, dabei die Flüssigkeit auffangen. Diese mit der beiseite gestellten Flüssigkeit mischen. Zucker und Flüssigkeit in einen Topf geben und einige Minuten aufkochen. Den Sirup in eine saubere Flasche gießen und abkühlen lassen. Zusammen mit Sahnequark servieren.

Käse-Speck-Creme

Wenn wir durch die Betriebsamkeit im Gartine einmal nicht dazu kommen, unseren Käse beim Bauern zu holen, nehmen wir die Dienste von Marike van der Werff in Anspruch. Sie ist Besitzerin von „Abraham Kef", einem außergewöhnlich gut sortierten Käseladen in Amsterdam. Voll Liebe und Begeisterung erklärt sie einem die Herkunft der verschiedenen Käsesorten und man erfährt, auf welchen Wiesen die Kühe grasen und vieles mehr. Außerdem bietet Abraham Kef eine unglaublich gute Auswahl an Wein.

Den Backofen auf 180 °C vorheizen. Die Speckwürfel in der Pfanne knusprig braten und das Fett abtropfen lassen. Käse, Sahne, Speck und Ei mischen. 4 Soufflé-Förmchen einfetten und die Mischung hineingeben. 20 Minuten in den Backofen setzen. Mit geröstetem Brot servieren.

Für 2 Personen

50 g magere Speckwürfel
125 g frisch geriebener Gruyère
1/4 l Sahne
1 Ei

Außerdem:
4 Soufflé-Förmchen
Butter für die Form

Gazpacho à la Maritta

Für 6 Personen

Für den Gazpacho:
250 g trockenes Weißbrot
6 Tomaten
1 Gurke
2 Schalotten, geschält
1 rote Paprikaschote
1 Knoblauchzehe, geschält
1 kl. Dose Tomatenmark
150 ml Olivenöl bester
Qualität
1 EL Rotweinessig
Salz und frisch gemahlener
Pfeffer

Für die Garnitur:
3 Eier
1 rote Paprikaschote
1 grüne Paprikaschote
2 Schalotten, geschält
1 Gurke, geputzt
2 EL Olivenöl
3 Scheiben Weißbrot,
in Würfel geschnitten
Knoblauchpulver

Maritta Haggenmacher ist Künstlerin und zählt zu unseren besten Freunden. Sie ist eine wirklich besondere Frau und kann nicht nur malen, sondern auch außergewöhnlich gut kochen. Wir freuen uns immer wahnsinnig über ihre Einladungen zum Essen, denn alles, was bei ihr auf den Tisch kommt, ist großartig.

Für den Gazpacho das Brot 10 Minuten in etwas Wasser einweichen lassen. Gemüse putzen und Paprika von Samen und Scheidewänden befreien. Nun nacheinander Tomaten, Gurke, Schalotten, Paprika, Knoblauch, Tomatenmark und eingeweichtes Brot in die Küchenmaschine füllen. Bei laufendem Motor langsam das Olivenöl zugießen. Zu einer dicken, etwas groben Suppe verarbeiten. Suppe in eine Schüssel geben und etwas Wasser unterrühren. Der Gazpacho sollte jedoch nicht zu flüssig werden. Mit Essig, Salz und Pfeffer würzen. Schüssel abdecken und für mindestens 1 Stunde in den Kühlschrank stellen.

Für die Garnitur Wasser zum Kochen bringen. Eier hineinlegen und 8 Minuten kochen lassen. Paprikaschoten putzen, von Samen und Scheidewänden befreien und sehr fein würfeln. Schalotten, Eier und Gurke ebenfalls sehr fein würfeln. Olivenöl in einer Pfanne erhitzen und die Brotwürfel mit etwas Knoblauchpulver darin goldbraun und knusprig rösten. Zusammen mit den übrigen Zutaten auf der Suppe anrichten.

Kohlrabisuppe mit Pecorino

Knoblauchzehen und Zwiebeln fein würfeln. Kohlrabi und Kartoffeln mit dem Sparschäler dünn schälen und in gleich große Würfel schneiden. Petersilie fein hacken. Butter in einem großen Topf zerlassen, jedoch nicht bräunen. Knoblauch zufügen und 5 Minuten leicht dünsten. Danach die Zwiebeln zugeben und zusammen mit dem Knoblauch 10 Minuten schmoren lassen. Hühnerbrühe mit ausreichend Wasser zugießen und Kartoffeln, Kohlrabi und Petersilie hineingeben. Suppe 30 Minuten bei geringer Hitze köcheln lassen. Suppe entweder stückig oder püriert servieren. Pecorino raspeln und nach Belieben über die Suppe streuen.

Für 6 Personen

4 Knoblauchzehen, geschält
2 mittelgroße Zwiebeln, geschält
4 Kohlrabi
4 mittelgroße Kartoffeln
30 g glatte Petersilie
75 g Butter
2 l Hühnerbrühe (Rezept S. 167 oder Fertigprodukt)
150 g Pecorino

Fischfrikadellen
mit süßsauren Gurkenstreifen

Ergibt 18 Stück

Für die süßsauren Gurkenstreifen:
1/2 l Weißweinessig
200 g Zucker
1/2 grüne Chilischote
1 Gurke, geputzt

Für die Frikadellen:
1 kg vorbereiteter Seebarsch (Schellfisch) oder Kabeljau
4 mittelgroße festkochende Kartoffeln
2 mittelgroße Zwiebeln, geschält
30 g Petersilie
2 Frühlingszwiebeln, geputzt
4 Eier
2 EL Semmelbrösel
1 Msp. Ingwerpulver
Salz und frisch gemahlener Pfeffer

Für die Panade:
3 Eier
3 EL Milch
Semmelbrösel

Außerdem:
Sonnenblumenöl zum Backen

Bei uns zu Hause war früher das Geld knapp, und ich nahm mir fest vor, einige Dinge im Überfluss zu besitzen, sollte ich später einmal mein eigenes Geld verdienen. Ganz oben auf der Liste stand: 10 Brötchen mit Selleriesalat, auf Platz 2: so viele Bananen-Windbeutel wie ich essen kann und auf Nummer 3: ganz viele Fischfrikadellen. Einmal abgesehen von den Fischfrikadellen ist aus den Vorhaben nichts geworden.

Für die süßsauren Gurkenstreifen Essig und Zucker erhitzen, bis sich der Zucker aufgelöst hat. Auf Zimmertemperatur abkühlen lassen. Die halbe Chilischote von Samen befreien, sehr fein hacken und zur Essigmischung geben. Gurke längs dünn schälen, so dass lange dünne Streifen entstehen. Essigmischung über die Gurkenstreifen gießen. Bis zur weiteren Verwendung mindestens 2 Stunden im Kühlschrank kühl stellen.

Für die Fischfrikadellen 1 Liter Wasser zum Kochen bringen und den Fisch 10 Minuten darin gar ziehen lassen. Abgießen und den Fisch abkühlen lassen. Kartoffeln schälen und weich kochen, anschließend fein stampfen. Zwiebeln sehr fein reiben. Petersilie und Frühlingszwiebeln (mit Grün) sehr fein hacken. Fisch mit der Gabel zerdrücken. Fischmasse, Kartoffeln, Zwiebeln, Petersilie, Frühlingszwiebeln, Eier, Semmelbrösel, Ingwerpulver, Salz und Pfeffer mischen. Eventuell mit etwas Salz abschmecken. 18 gleich große Bällchen formen und leicht flach drücken. Die Frikadellen 1 Stunde im Kühlschrank kühl stellen.

Für die Panade Eier und Milch verquirlen. Semmelbrösel auf einen Teller geben. Öl in der Pfanne auf 180 °C erhitzen. Frikadellen durch die Ei-Mischung ziehen und in Semmelbröseln wenden. Dann in der Pfanne von beiden Seiten goldbraun backen. Mit den süßsauren Gurkenstreifen servieren.

Matjes in saurer Sahne mit Apfel-Sellerie

Als wir früher lange Tage im Garten verbrachten, bereiteten wir morgens viele leckere Dinge zum Mitnehmen vor. Dieses Gericht schmeckt wunderbar auf Sauerteigbrot, ist aber auch lecker mit Roggenbrot. Sie können es als Vorspeise servieren. Am besten in einem Servierring gut festdrücken, so wie bei Tatar, und eventuell mit einer Salatbeilage anrichten.

Heringe, Apfel, Selleriestangen und Gurken in gleich große Würfel schneiden. Kräuter und Frühlingszwiebeln fein hacken und mit Tabasco, Mayonnaise und saurer Sahne unter die Heringsmasse rühren. Mit Pfeffer würzen.

Für 6 Personen

6 Matjes
1 süßsaurer Apfel
2 Stangen Staudensellerie, geputzt
2 Gewürzgurken
15 g Dill
15 g Petersilie
2 Frühlingszwiebeln, geputzt
einige Tropfen Tabasco
4 EL Mayonnaise
(Rezept S. 171)
2 EL saure Sahne
frisch gemahlener Pfeffer

Makrelencreme mit Kapernäpfeln und Knoblauchbrot

Für 6 Personen

500 g Räuchermakrele
4 mittelgroße Gewürzgurken
2 Frühlingszwiebeln, geputzt
15 g Petersilie
15 g Schnittlauch
15 g Dill
5 EL Mayonnaise
(Rezept S. 171)
4 Tropfen Tabasco
frisch gemahlener Pfeffer
6 dicke Scheiben Brot
1 Knoblauchzehe, geschält
12 Kapernäpfel

Diese leckere Creme eignet sich hervorragend als Vorspeise oder zum Mitnehmen fürs Picknick. Sie ist einfach zuzubereiten und schmeckt allen.

Die Räuchermakrele in der Küchenmaschine zerkleinern oder mit der Gabel fein zerdrücken. Gewürzgurken, Frühlingszwiebeln und Kräuter sehr fein hacken. Kräuter, Frühlingszwiebeln, Mayonnaise, Gewürzgurken, Tabasco und Pfeffer unter die Makrelenmasse mischen. Brotscheiben mit der Knoblauchzehe einreiben und unter dem Grill kurz rösten. Creme auf die gerösteten Brotscheiben streichen und mit Kapernäpfeln belegen. Schmeckt auch mit Meerrettichmayonnaise (Rezept S. 171).

Sardinen in Kräuteröl

Halten Sie ausreichend Brot bereit, das Sie in die Gläser mit Öl dippen können. Sehr lecker! Jeder ist von dem Gericht begeistert und es ist ganz einfach zuzubereiten.

Sardinen vorsichtig aus der Dose nehmen, abtropfen lassen und leicht trocken tupfen. In jedes Glas 3 Sardinen geben (Dabei möglichst am Rand des Glases positionieren). Kräuter darum herum platzieren und Pfefferkörner und Senfsamen einfüllen. Die Gläser mit Olivenöl auffüllen und für mindestens 3 Tage im Kühlschrank stehen lassen. 1 Stunde vor dem Essen aus dem Kühlschrank nehmen. Zusammen mit geröstetem Brot und einem grünen Salat servieren.

Für 6 Personen

6 schöne Gläser (etwas höher als Sardinenlänge)
18 große Sardinen bester Qualität (Dose)
6 Stängel Rosmarin
6 Stängel Thymian
6 Stängel Bohnenkraut
18 schwarze Pfefferkörner
1 TL Senfsamen
ca. 1 l Olivenöl bester Qualität

Rote-Bete-Kartoffel-Tatar
mit saurem Hering

Für 6 Personen

500 g Rote Bete
6 neue Kartoffeln
15 g Dill
15 g Estragon
15 g Schnittlauch
2 Frühlingszwiebeln, geputzt
6 saure Heringe
Salz und frisch gemahlener
Pfeffer
1 EL Mayonnaise
(Rezept S. 171)
4 Tropfen grüner Tabasco
1 EL saure Sahne

Außerdem:
6 kleine Servierringe

Im Sommer haben wir immer reichlich Rote Bete. Wir bauen eine Sorte mit weißem Rand und eine orangefarbene Sorte an, aber natürlich auch einfache Rote Bete. Mit etwas Orange und Estragon kochen wir daraus Suppe, doch auch für dieses Tatar, das wir im Sommer im Gartine servieren, ist sie ideal.

Die gesäuberten Knollen Rote Bete 40 Minuten kochen. Kontrollieren, ob sie ausreichend weich sind. Abkühlen lassen und schälen. Kartoffeln waschen, jedoch nicht schälen, würfeln und in etwa 8 Minuten bissfest kochen. Unter kaltem Wasser abspülen. Kräuter und Frühlingszwiebeln (mit dem Grün) sehr fein hacken. Rote Bete kurz in der Küchenmaschine zerkleinern oder mit dem Messer fein würfeln. In der Zwischenzeit den Hering abtropfen lassen. Kräuter, Frühlingszwiebeln, Salz, Pfeffer, Mayonnaise, Tabasco, Kartoffeln und saure Sahne unter die Rote Bete mischen. Eventuell noch mit Salz abschmecken. Servierringe auf 6 Teller stellen, die Masse einfüllen und die Ringe abnehmen. Auf den runden Tatars jeweils einen sauren Hering anrichten. Mit etwas Brot und grünem Salat servieren.

Parmesan-Mascarpone-Creme
mit geröstetem Brot

Suchen Sie nach einem äußerst einfachen Lunchgericht, das jeden glücklich macht, sollten Sie diese Creme probieren. Sie kann auch als Unterlage dienen und mit Tomaten oder gebratenen Pilzen belegt werden.

Zwiebel vierteln und zusammen mit 2 Knoblauchzehen in die Küchenmaschine geben. Etwa 1 Minute zerkleinern. Parmesan würfeln und zur Zwiebel in die Küchenmaschine füllen. (Der Käse sollte auf jeden Fall Zimmertemperatur haben, sonst ist er zu hart für die Maschine.) Die Zutaten 2 Minuten zerkleinern. Mascarpone hinzugeben und weitere 2 Minuten mischen. Einige Scheiben Brot rösten und mit der restlichen Knoblauchzehe leicht einreiben. Käsecreme auf das Brot streichen und eventuell zusammen mit grünem Salat servieren.

Für 6 Personen

1 mittelgroße Zwiebel, geschält
3 Knoblauchzehen, geschält
450 g Parmesan, Zimmertemperatur
250 g Mascarpone
Brot

Ricotta-Eierkuchen
mit Kräutern und Schinken

Den Backofen auf 180 °C vorheizen. Zwiebel und Knoblauchzehen schälen und vierteln. Zusammen mit Mehl, Backpulver
und Käse in die Küchenmaschine füllen und einige Minuten
zerkleinern. Anschließend Ricotta, Kräuter, Milch, Sahne, Salz
und Eier zufügen und alle Zutaten einige Minuten mischen.
Die Vertiefungen der Muffinformen mit Öl einpinseln und
vorsichtig mit den Schinkenscheiben auslegen. Formen auf ein
Backblech setzen. Ricotta-Ei-Mischung in einen Rührbecher
füllen, gut verquirlen und dann die Vertiefungen bis zum Rand
damit füllen. Im vorgeheizten Ofen 30 Minuten backen. Muffinbleche aus dem Backofen nehmen und kurz abkühlen lassen,
bevor die Küchlein aus der Form gelöst werden. Noch warm
mit Brot und etwas grünem Salat servieren.

Für 6 Personen

1 mittelgroße Zwiebel
3 Knoblauchzehen
50 g Mehl
1 Msp. Backpulver
100 g geriebener alter
Hartkäse
250 g Ricotta
15 g fein gehackter Dill
15 g fein gehackter Estragon
150 ml Milch
150 ml Sahne
1 1/2 TL Salz
8 Eier
12 Scheiben Schinken, z. B.
Serranoschinken (ca. 150 g)

Außerdem:
2 Silikon-Muffinbleche für
jeweils 6 Stück
1 EL Sonnenblumenöl für
die Förmchen

Hackfleischbrot mit Kräutern

Das Hackfleischbrot schmeckt sowohl warm als auch kalt. Ich bereite meistens zwei Brote vor, da ich weiß, dass sich alle die Finger danach lecken.

Brot fein würfeln und 10 Minuten in der Milch einweichen. Zwiebel, Knoblauchzehen und Frühlingszwiebeln (mit Grün) sehr fein hacken und zum Hackfleisch geben. Das eingeweichte Brot leicht ausdrücken und zusammen mit den restlichen Zutaten zum Hackfleisch geben. Mindestens 10 Minuten gut durchkneten. Die Mischung ruhen lassen und den Backofen auf 200 °C vorheizen. Die Masse in die gefettete Kastenform geben. Kastenform in den vorgeheizten Backofen setzen und das Hackfleischbrot 10 Minuten backen. Danach die Temperatur auf 175 °C reduzieren und weitere 50 Minuten backen.

Für Frikadellen aus der Hackfleischmischung 6 Frikadellen formen und diese zuerst 10 Minuten bei 200 °C und anschließend weitere 20 Minuten bei 175 °C in einer Auflaufform im Backofen backen.

Für 6 Personen

2 Scheiben Stuten oder Weißbrot
100 ml Milch
1 mittelgroße Zwiebel, geschält
2 Knoblauchzehen, geschält
2 Frühlingszwiebeln, geputzt
15 g Estragon
15 g Dill
2 Eier
15 g Salz
1/2 TL Ingwerpulver
1/2 TL frisch gemahlener Pfeffer
2 EL Worcestershire-Sauce
375 g Hackfleisch vom Schwein
375 g Hackfleisch vom Rind

Außerdem:
1 Kastenform
Sonnenblumenöl für die Form

Schokoladen-Bananen-Kuchen mit roten Sommerfrüchten

Die meisten Menschen, die mich kennen, wissen, dass Kuchen backen meine große Leidenschaft ist. Im Gartine starten wir morgens um sechs Uhr. Dann wird zuerst der Backofen vorgeheizt. Es ist immer wieder ein Genuss, den Duft von frisch gebackenem Kuchen zu schnuppern und diesen dann mit Liebe zu servieren.

Den Backofen auf 170 °C vorheizen. Alle Zutaten außer den roten Früchten und der Schokolade zügig verkneten. Den Bananenteig in eine gefettete Napfkuchenform füllen und 1 1/2 Stunden im vorgeheizten Ofen backen. Den fertig gebackenen Kuchen 10 Minuten abkühlen lassen, dann aus der Form lösen. Vor dem Anschneiden 1 1/2 Stunden ruhen lassen. Schokolade in eine Schüssel geben und über einen Topf mit wenig kochendem Wasser stellen. Schokolade unter Rühren schmelzen lassen. Den Kuchen mit den roten Früchten und der warmen Schokolade servieren.

Für 8 Personen

400 g Mehl
1 Päckchen Backpulver
400 g zimmerwarme Butter
400 g Zucker
1 Prise Salz
8 Eier
1/4 frisch geriebene
Muskatnuss
2 reife Bananen, in Scheiben
geschnitten
300 g Schokolade
300 g gemischte rote
Sommerfrüchte

Außerdem:
1 Napfkuchenform
Fett für die Form

Gezuckerter Blätterteig mit Himbeercremefüllung

Für 6 Personen

Für den Blätterteig:
6 Platten Blätterteig (TK)
Mehl zum Bearbeiten
3 Eigelb
75 g Zucker

Für die Vanillecreme:
1/4 l Milch
1 Päckchen Vanillezucker
oder 10 g selbst gemachter
Vanillezucker (Rezept S. 173)
3 Eigelb
75 g Zucker
25 g Speisestärke

Für die Garnitur:
6 EL Himbeermarmelade
(Rezept S. 174)
300 g Himbeeren oder
andere gemischte Früchte

Außerdem:
Backpapier

Für den gezuckerten Blätterteig den Backofen auf 200 °C vorheizen. Die Blätterteigplatten auftauen lassen. Auf jede Platte eine runde Form legen, die im Durchmesser gerade darauf passt und je 2 Kreise ausschneiden. Die runden Teigplatten auf eine mit Mehl bestäubte Arbeitsfläche legen und mit einer Teigrolle zu Ovalen ausrollen. Jede Teigplatte mit etwas Eigelb einpinseln und mit Zucker bestreuen. Die Teigplatten auf ein mit Backpapier ausgelegtes Backblech legen und im vorgeheizten Backofen 20 Minuten backen. Herausnehmen und abkühlen lassen.

In der Zwischenzeit die Vanillecreme vorbereiten. Die Milch mit Vanillezucker aufkochen lassen. Die Eigelbe mit Zucker in einer Schüssel schaumig rühren. Speisestärke zufügen und die heiße Milch in dünnem Strahl in die Ei-Mischung rühren. Die Mischung zurück in den Topf gießen und gut 2 Minuten bei sehr niedriger Hitze ständig rühren. Die Creme ist fertig, wenn sie kleine Bläschen wirft. In eine Schüssel füllen und Klarsichtfolie auf die Oberfläche legen, damit sich keine Haut bildet.

Von den Blätterteig-Ovalen 6 Stück in der Mitte mit Himbeermarmelade bestreichen und darauf jeweils einen großen Klecks Vanillecreme geben. Die Himbeeren auf der Creme verteilen und zum Schluss eine weitere Blätterteigplatte auflegen.

Schokoladenkuchen mit Pfirsich-Pflaumen-Kompott

Das Gericht ist ein wenig aufwendig in der Zubereitung, doch die Mühe lohnt sich. Die weiche Textur des Schokoladenkuchens ist in Kombination mit dem süßsauren Obstkompott einfach unschlagbar. Ganz bestimmt wird sich jeder Gast noch lange an dieses Dessert erinnern.

Für das Kompott den Muskatwein zusammen mit dem Zucker in einem Stieltopf leicht erhitzen. Die Steinfrüchte waschen, halbieren und die Kerne entfernen. Die Orange mit einem scharfen Messer schälen, dabei die weiße Haut mit entfernen. Dann die Filets aus den Trennhäuten herausschneiden. Die Vanilleschote aufschlitzen und das Mark herauskratzen. Zimtstange, Früchte, Vanillemark und -schote zum Muskatwein geben und die Früchte auf hoher Temperatur 20 Minuten dünsten. Früchte aus dem Wein heben und abtropfen lassen. Kochflüssigkeit noch 10 Minuten einkochen und anschließend abkühlen lassen. Die Früchte zurück in die Flüssigkeit geben.

Für den Kuchen den Backofen auf 160 °C vorheizen. Die Backform mit Sonnenblumenöl einpinseln und Boden und Seiten der Form mit Backpapier auslegen. In einem Topf Butter, Schokolade, Zucker und Kaffee unter ständigem Rühren schmelzen lassen. Die Masse in eine Schüssel gießen und 20 Minuten abkühlen lassen. Mehl mit dem Backpulver mischen und in die Schokoladen-Kaffee-Masse sieben. Eier zugeben. Den Teig gut verrühren und in die Backform füllen. Den Kuchen 1 1/2 Stunden im vorgeheizten Ofen backen. Gut abkühlen lassen und zusammen mit dem Kompott servieren.

Für 6 Personen

Für das Kompott:
1/2 l Muskatwein
125 g Zucker
3 Pfirsiche
6 Pflaumen
1 Bio-Orange
1 Vanilleschote
1 Zimtstange

Für den Kuchen:
265 g Butter
165 g Bitterschokolade
425 g Zucker
320 ml starker Kaffee
255 g Mehl
1 Msp. Backpulver
3 Eier

Außerdem:
1 runde Backform
von 20 cm Ø
Backpapier
1 EL Sonnenblumenöl
für die Form

Herbst

Jede Jahreszeit hat ihren Reiz, ganz besonders der Herbst. Alle freuen sich auf warme Getränke, ein knisterndes Kaminfeuer und gute Bücher. Der Gemüsegarten zeigt sich jetzt von seiner schönsten Seite. Die Blätter der Obstbäume leuchten goldgelb und die roten Äpfel bilden dazu einen wunderhübschen Kontrast. Die Obststräucher stehen kahl da, aber sie haben uns mit einer reichen Ernte wieder großzügig beschenkt. Hier und da hängen noch einige vertrocknete Beeren verloren an den Zweigen, doch selbst die Vögel haben kein Interesse mehr daran. Einzelne Beete werden umgegraben und dann kommen plötzlich von allen Seiten Vögel, um nach Würmern zu suchen. Ilse kümmert sich darum, dass die Vögel gut durch den Winter kommen. Sie hängt ihnen allerlei Leckereien hin, damit sie auch im nächsten Jahr wieder den Weg zurück in unseren Garten finden. Der letzte Mangold wird geerntet und zum letzten Mal können wir Spinat pflücken. Die Gartensaison neigt sich dem Ende zu, aber da wir in den letzten Augusttagen noch einiges gesät haben, können wir uns daran noch erfreuen. Etwa die runden französischen Möhren, die noch Anfang November geerntet werden können. Und wir haben grüne Bohnen gesät, die uns jetzt eine üppige Ernte bescheren.

Wenn Willem-Jan und ich im Garten werkeln, hören wir regelmäßig die lustige Fahrradklingel von Dagmar, meiner jüngsten Schwester. Sie sieht immer aus, als würde der Wind sie gleich umpusten. Sie lässt sich auch von ihren hohen Absätzen nicht abhalten, auf Knien im Beet zu arbeiten.

In dieser Zeit des Jahres reifen die letzten Tomaten im Gewächshaus, sie werden nun geerntet, und von den allerletzten grünen Exemplaren kochen wir grüne Tomatenmarmelade. Wir holen die Pflanzen aus der Erde und jäten das letzte Unkraut. So, das Gewächshaus ist wieder aufgeräumt und wartet nun bis zum Frühjahr auf uns. Dann säen wir wieder frisches junges Gemüse aus. Lorbeer und Verbene überstehen, in Töpfe gepflanzt und mit Luftpolsterfolie umwickelt, im Gewächshaus den Winter.

Im Gemüsegarten wächst ein Haselnussstrauch, der jedes Jahr
größer wird und immer mehr Haselnüsse trägt. Die ersten
Haselnüsse verwenden wir für die Charlotte mit Nusscreme
(Rezept S. 152). Die Beete, auf denen noch Gemüse wächst,
bleiben so wie sie sind. Hier stehen Grünkohl, Winterlauch
und Rosenkohl. Vom Rosenkohl haben wir nicht nur eine grüne
Sorte, wir bauen auch Red Rubine an, eine rote Sorte mit etwas
kleineren Röschen. Die größten Mengen Rosenkohl können wir
ernten, wenn die Pflanzen bis Ende Mai in die Erde kommen.
Werden sie später gepflanzt, fällt die Ernte kleiner aus. Rosenkohl erntet man, indem man die Röschen von unten nach oben
am Strunk abbricht. Dabei sollte auch das Blatt mit entfernt
werden, damit die Röschen, die später geerntet werden, mehr
Platz haben. Sehr lecker schmecken die Röschen, wenn sie roh
über den Salat geraspelt werden.

Lauch wächst bei uns im Überfluss. Ich bereite daraus zusammen mit Butter, Mascarpone und geröstetem Brot ein sehr
schmackhaftes Mittagsgericht. Der Lauch kann den Winter über
im Beet bleiben, das verleiht ihm zusätzliche Süße. Im Frühling kaufen wir auf dem Markt stets zwei große Bündel junger
Lauchpflanzen. Bis wir sie alle gepflanzt haben, dauert es etwas.
Schließlich sind in einem Bündel oft 60 junge Pflanzen. Am
einfachsten geht das Pflanzen, wenn der Boden ein wenig feucht
ist. Mit einem Stock, der etwas breiter ist als der Lauchstängel,
werden Löcher in die Erde gebohrt und die Pflanzen anschließend hineingesetzt. Der Vorteil ist, dass man die Pflanze nicht
mehr mit Erde anfüllen muss und sie mit der Zeit durch den
Regen von selbst anwachsen. Im Herbst stehen die Dahlien in
voller Blüte. Bei uns wachsen sehr viele dunkelrote und rosafar-
bene Sorten. Ihre Blütenform ist wunderschön und in den antiken Vasen, die im Gartine auf den Tischen stehen, machen sie
sich hervorragend. In der zweiten Septemberwoche öffnet übri-
gens Schloss Hex in Belgien seinen Gemüsegarten für Besucher.
Dort kann man sehen, wie die Menschen früher ihre Gemüse
in den Gemüsekellern aufbewahrten.

Orangen-Weincreme mit Brombeeren

Für 4 Personen

1 Bio-Orange
5 EL trockener Weißwein
35 g Zucker
100 ml Sahne
250 g Mascarpone
12 Brombeeren
2 EL Honig

Diese Weincreme ist auch unter dem Namen Syllabub bekannt. Syllabub ist eine traditionelle englische Nachspeise aus Sahne und Wein und wurde bereits im 16. Jahrhundert zubereitet. Streng genommen muss für dieses Rezept Wein aus der Gemeinde Sillery in der Champagne verwendet werden. Ich serviere die Creme schon zum Frühstück, da die Menge an Wein fast zu vernachlässigen ist.

Bereits am Vortag von der Orange die Schale (ohne das Weiße) abreiben und den Saft auspressen. Bei geringer Hitze Wein, Orangensaft, abgeriebene Orangenschale und Zucker erwärmen, bis der Zucker sich aufgelöst hat. Die Mischung 2 Stunden im Kühlschrank abkühlen lassen. Mit dem Handmixer die Sahne steif schlagen und mit dem Mascarpone mischen. Mixer auf die niedrigste Stufe stellen und die Orangensaft-Mischung langsam zugießen. Die Creme über Nacht abgedeckt in den Kühlschrank stellen. Am nächsten Tag in Gläser füllen, mit Brombeeren garnieren und mit etwas Honig beträufeln.

Gebackenes Zuckerbrot mit Apfel-Zimt-Mus

Für 4 Personen

Für das Apfel-Zimt-Mus:
1/4 l trockener Cidre
450 g säuerliche Äpfel
1 Zitrone
1/2 TL Zimt
etwa 200 g Zucker

Für das Zuckerbrot:
abgeriebene Schale von
1 Bio-Zitrone
25 g Zucker
1/2 TL Zimt
1 Ei
1 Msp. Salz
200 ml Milch
1 ganzes Zuckerbrot (ersatzweise Stuten oder Weißbrot)
2 EL Butter

Wenn wir im Herbst unsere Äpfel pflücken, verarbeiten wir eine große Menge zu Apfel-Zimt-Mus. Aus anderen wird Cidre gemacht. Der große Topf wird aus dem Schrank geholt und schon bald ist die Küche von einem herrlichen Duft erfüllt. Das Mus wird in Marmeladengläser gefüllt und kann das ganze Jahr über verwendet werden.

Für das Apfel-Zimt-Mus Cidre in einem großen Topf zum Kochen bringen und auf die Hälfte einkochen lassen. In der Zwischenzeit die Äpfel schälen, vom Kerngehäuse befreien und würfeln. Von der Zitrone die Schale (ohne das Weiße) abreiben und den Saft auspressen. Apfelstücke, Zimt, Zitronensaft und abgeriebene Zitronenschale zum eingekochten Cidre geben, den Deckel auflegen und alles 25 Minuten leicht köcheln lassen, bis die Äpfel sehr weich sind. Topf von der Herdplatte nehmen und die Mischung 10 Minuten abkühlen lassen. Nach und nach kleine Mengen in der Küchenmaschine pürieren und abwiegen. Auf 600 Gramm Apfelmasse jeweils 200 g Zucker zugeben. Zurück in den Topf geben und unter Rühren erneut erhitzen. Der Zucker muss sich vollständig auflösen. Die Mischung weitere 20 Minuten köcheln lassen.

Für das Zuckerbrot die Zitronenschale mit Zucker, Zimt, Ei und Salz gut mischen. Unter ständigem Rühren nach und nach die Milch zugießen. Das Brot in 8 dicke Scheiben schneiden. Milchmischung in eine Schüssel geben und die Brotscheiben nacheinander darin wenden. Kurz abtropfen lassen. Butter in der Pfanne zerlassen und die Brotscheiben darin von beiden Seiten schön braun backen. Die Zuckerbrotscheiben noch warm mit etwas Apfel-Zimt-Mus servieren.

Geflügelpastete mit Toast Melba und eingelegten Gurken

Für 6 Personen

Für die Geflügelpastete:
150 g Butter
2 Schalotten, geschält
350 g Hühnerleber
100 ml Hühnerbrühe
(Rezept S. 167 oder
Fertigprodukt)
1/2 TL Salz
1/2 TL Paprikapulver
1/2 TL Currypulver
1/4 TL frisch gemahlener
Pfeffer
1 EL Worcestershire-Sauce
2 EL Cognac

Für den Toast Melba:
6 Scheiben Brot

Außerdem:
Cornichons

Als ich zwanzig war und mich in dem Restaurant, in dem wir damals arbeiteten, um den Wein kümmerte und servierte, begann ich irgendwann, auch zu Hause Rezepte auszuprobieren. Ich hätte nur zu gern in der Küche des Restaurants mitgeholfen, aber man ließ mich nicht. Dies ist eines der ersten Rezepte, das ich zu Hause kochte, und ich war mir sicher, dass auch ich eines Tages eine gute Köchin werden würde.

Für die Geflügelpastete 1 Esslöffel Butter in der Pfanne zerlassen und die sehr fein gewürfelten Schalotten darin andünsten. Die Hühnerleber hineingeben und 3–5 Minuten braten. Die Hühnerbrühe zugießen. Den Pfanneninhalt und die restlichen Zutaten in der Küchenmaschine pürieren. Die Creme in eine kleine Schüssel füllen.

Für den Toast Melba das Brot toasten. Die Scheiben in der Mitte mit einem scharfen Brotmesser so durchschneiden, dass zwei dünnere Scheiben entstehen. Diese mit den gerösteten Seiten aneinanderlegen, so dass die noch weichen Seiten nach außen zeigen und nochmals kurz rösten. Zusammen mit den Cornichons servieren.

Pilz-Mascarpone-Suppe
mit Knoblauchbrotstängeln

Für 6 Personen

Für die Suppe:
75 g Butter
3 Knoblauchzehen, geschält
3 mittelgroße Zwiebeln,
geschält
1 kg gemischte Pilze
1 TL Mehl
50 ml trockener Sherry
75 g glatte Petersilie
6 Stängel Oregano
6 Stängel Thymian
2 l Rinderbrühe (ersatzweise
Gemüsebrühe, Rezept
S. 169, oder Fertigprodukt)
250 g Mascarpone

Für die Knoblauchstängel:
6 Platten Blätterteig (TK)
1 Knoblauchzehe, geschält
Salz und frisch gemahlener
Pfeffer
75 g geriebener Hartkäse
1 Eigelb

Für die Suppe Butter in einem großen Topf zerlassen, aber nicht bräunen. Knoblauch sehr fein hacken und 5 Minuten in der Butter andünsten. Zwiebeln fein würfeln und zusammen mit dem Knoblauch weitere 10 Minuten leicht anschwitzen. Wenn die Zwiebeln am Pfannenboden festbacken, noch etwas Butter zufügen. Pilze gründlich abbürsten, in Stücke schneiden und zur Zwiebelmischung geben. Mit Mehl bestäuben und mit dem Sherry ablöschen. Alle Zutaten gut mischen. Petersilie sehr fein hacken (ein wenig zum Garnieren beiseite stellen) und Oregano- und Thymianblätter von den Stängeln zupfen. Kräuter zu den Pilzen geben. Brühe zugießen und die Suppe bei geringer Hitze 1/2 Stunde leicht köcheln lassen. Je nach Wunsch kann die fertige Suppe auch mit dem Stabmixer püriert werden.

Suppe in Suppentassen füllen und mit einen Klecks Mascarpone anrichten. Zusammen mit einem Knoblauchstängel servieren.

Für die Knoblauchstängel den Backofen auf 200 °C vorheizen. Die Blätterteigplatten auftauen lassen und die Knoblauchzehe sehr fein hacken. Jede Teigplatte mit Salz und Pfeffer würzen und mit Käse und Knoblauch bestreuen. Anschließend zur Zigarre aufrollen. Das Teigende mit etwas Wasser einpinseln. Die Enden der möglichst langen Rolle nach innen falten. Die Stängel mit Eigelb einpinseln und kleine Schnitte in den Teig ritzen. 20 Minuten im Backofen backen.

Paprikasuppe mit Kartoffeln und Ziegenkäse

Den Backofen auf 220 °C vorheizen. Paprikaschoten halbieren, von Samen und Scheidewänden befreien und auf ein mit Olivenöl eingepinseltes Backblech legen. 20 Minuten im Backofen garen. In der Zwischenzeit die Kartoffeln gründlich waschen und der Länge nach in 3 Scheiben schneiden. Die Kartoffelscheiben 12 Minuten kochen, abgießen und beiseite stellen. Zwiebeln und Knoblauchzehen sehr fein hacken. Butter zerlassen und Zwiebeln und Knoblauch 15 Minuten bei geringer Hitze darin schmoren. Anschließend Paprika, Hühnerbrühe, Kokosmilch, Estragon und Dill zufügen und die Suppe 20 Minuten bei geringer Hitze leicht köcheln lassen, dann vom Herd nehmen. Kondensmilch unterrühren. Suppe mit einem Stabmixer pürieren und auf Suppenteller verteilen. Die Kartoffelscheiben darauf anrichten und mit zerkrümeltem Ziegenkäse bestreuen.

Für 6 Personen

500 g gelbe Paprikaschoten
3 EL Olivenöl
8 festkochende Kartoffeln
mit roter Schale
(z. B. Roseval)
3 mittelgroße Zwiebeln,
geschält
3 Knoblauchzehen, geschält
75 g Butter
1 1/2 l Hühnerbrühe (Rezept
S. 167 oder Fertigprodukt)
400 ml Kokosmilch
20 g fein gehackter Estragon
20 g fein gehackter Dill
4 EL Kondensmilch
150 g Ziegenkäse

Gefüllte Zwiebeln mit Ziegenkäse-Rosmarin-Creme

Für 6 Personen

6 mittelgroße rote Zwiebeln, geschält
1 EL Olivenöl
1 Knoblauchzehe, geschält
250 g Ziegenkäse
100 ml Sahne
1 Stängel Rosmarin
1 Stängel Thymian
1 EL Honig
Salz und frisch gemahlener Pfeffer

Den Backofen auf 190 °C vorheizen. Den oberen Deckel der Zwiebeln vorsichtig abschneiden, auch ein wenig vom unteren Wurzelansatz entfernen, damit die Zwiebeln hinterher besser stehen bleiben. Die Zwiebeln mit abgeschnittenem Deckel auf ein mit Olivenöl eingepinseltes Backblech setzen und 30 Minuten im Backofen garen. Herausnehmen und abkühlen lassen. Die Zwiebeln innen aushöhlen. Knoblauch sehr fein hacken. Ziegenkäse mit dem Handmixer verrühren und nach und nach die Sahne zugeben. Rosmarinnadeln sehr fein hacken. Thymianblättchen, Rosmarinnadeln, Honig, Salz und Pfeffer unter die Käsemischung rühren und die Zwiebeln damit füllen. Deckel wieder auflegen und die gefüllten Zwiebeln 8 Minuten im Ofen überbacken. Mit einem kleinen Salat und etwas Brot servieren.

Rindfleischsalat

Dieses Rezept eignet sich gut, um Fleischreste zu verwerten. Auf Brot schmeckt der Salat sehr lecker, wenn er auf einer Scheibe rohem Schinken angerichtet wird.

Das Fleisch in kleine Würfel schneiden. Ersatzweise kann auch Entrecote verwendet werden. Dafür das Entrecote von beiden Seiten einige Minuten anbraten und mit Salz und Pfeffer würzen, abkühlen lassen und dann würfeln. In einer Pfanne ohne Fett Fenchelsamen anrösten, bis sie leicht Farbe annehmen. Kartoffeln schälen und in kleine Würfel schneiden. Wasser zum Kochen bringen und die Kartoffelwürfel darin etwa 8 Minuten garen. Apfel schälen und das Kerngehäuse entfernen. Apfel, Gurken und Staudensellerie würfeln. Chilischote von Samen befreien und zusammen mit Dill und Frühlingszwiebeln fein hacken. Sämtliche Zutaten in einer Schüssel mischen und mit Salz und Pfeffer würzen.

Für 6 Personen

350 g gekochtes Rindfleisch
(ersatzweise 350 g Entrecote
+ 1 EL Olivenöl, Salz und
Pfeffer)
2 TL Fenchelsamen
3 festkochende Kartoffeln
1/2 Apfel, z. B. Elstar
4 mittelgroße Gurken
2 Stängel Staudensellerie,
geputzt
1 grüne Chilischote
15 g Dill
3 Frühlingszwiebeln, geputzt
3 EL Naturjoghurt
3 EL Mayonnaise
1 TL Senf
einige Spritzer Tabasco
Salz und frisch gemahlener
Pfeffer nach Geschmack

Gebackene Feigen mit Camembert, Orangenblütenhonig und Nussbrot

Feigen und Käse sollten möglichst Zimmertemperatur haben. Den Backofen auf 200 °C vorheizen. Die Feigen an der Oberseite kreuzweise einschneiden und ein Stück Käse in die Öffnung geben. Honig mit Orangenblütenwasser verrühren und beiseite stellen. Feigen in eine Fettpfanne setzen und 5 Minuten im Backofen garen. Inzwischen das Nussbrot toasten und die Scheiben mit der Knoblauchzehe einreiben. Feigen aus dem Ofen nehmen, auf Teller verteilen und mit dem Honig beträufeln. Dazu das geröstete Nussbrot servieren.

Für 6 Personen

12 große Feigen
250 g Camembert
6 EL Honig
1 EL Orangenblütenwasser
12 Scheiben Nussbrot
1 Knoblauchzehe, geschält

Blätterteigpäckchen mit Pilzen und Brie

Den Backofen auf 220 °C vorheizen. Die Blätterteigplatten auftauen lassen, auf einer mit Mehl bestäubten Arbeitsfläche quer halbieren und die Quadrate leicht ausrollen. Knoblauch, Zwiebel und Kräuter sehr fein hacken. Pilze grob zerkleinern.
15 Gramm Butter bei geringer Hitze in der Pfanne zerlassen. Zwiebel etwa 10 Minuten darin andünsten, aus der Pfanne nehmen und auf einem Sieb abtropfen lassen. Restliche Butter in die Pfanne geben und die Pilze darin bei hoher Temperatur anbraten. Kurz vor Ende der Bratzeit Knoblauch, Petersilie und Estragon zufügen und die Pilze mit Salz und Pfeffer würzen. Die Pilzmischung zu den Zwiebelwürfeln ins Sieb geben, abtropfen und abkühlen lassen. Jeweils in die Mitte der Blätterteigquadrate ein kleines Häufchen der Pilz-Zwiebel-Mischung geben. Die Ecken der Teigplatten mit Wasser einpinseln und zur Mitte falten. Die 4 Teigecken fest zusammendrücken. Oberseite mit Eigelb bestreichen. Die Päckchen 20 Minuten im Backofen backen. Den Brie in 12 Scheiben schneiden. Die Blätterteigpäckchen aus dem Backofen nehmen und mit einer Schere vorsichtig oben aufschneiden. Den Brie hineinlegen und die Päckchen weitere 3–4 Minuten überbacken. Mit grünem Salat servieren.

Für 6 Personen

6 Platten Blätterteig (TK)
Mehl zum Bearbeiten
3 Knoblauchzehen, geschält
1 mittelgroße Zwiebel, geschält
30 g glatte Petersilie
15 g Estragon
750 g gemischte Pilze, geputzt
30 g Butter
Salz und frisch gemahlener Pfeffer
2 Eigelb
400 g Brie

Salat aus Herbstgemüse, Speck und Parmesan mit Rosmarin-Vinaigrette

Für 4 Personen

2 mittelgroße Zwiebeln,
geschält
2 Knoblauchzehen, geschält
1 Kohlrabi
1 Pastinake
1 Möhre
1/2 kleiner Kürbis
4 EL Olivenöl
1/2 TL Salz
frisch gemahlener Pfeffer
75 g Räucherspeck,
in Scheiben geschnitten
100 g Parmesan
1 Kopf Salat nach Wahl
5 EL Rosmarin-Vinaigrette
(Rezept S. 165)

Den Backofen auf 220 °C vorheizen. Zwiebeln vierteln und Knoblauch in feine Scheiben schneiden. Kohlrabi, Pastinake und Möhre dünn schälen und wie den Kürbis der Länge nach in 1/2 Zentimeter breite Scheiben schneiden. Ein Backblech mit 2 Esslöffeln Öl bestreichen und das Gemüse darauf verteilen. Mit den Knoblauchscheiben bestreuen. Mit Salz und Pfeffer würzen und mit den restlichen 2 Esslöffeln Olivenöl beträufeln. Das Gemüse 45 Minuten im Backofen backen. Kontrollieren, ob das Gemüse gar ist. Ansonsten noch etwas länger im Backofen lassen und die Temperatur etwas erhöhen. Gemüse aus dem Backofen nehmen und abkühlen lassen. Speck auf ein Backblech legen und 10 Minuten im Backofen braten, bis er schön braun und knusprig ist. Beiseite stellen. Parmesan in sehr dünne Scheiben hobeln. Salat gründlich waschen und trockenschleudern. Mit der Rosmarin-Vinaigrette mischen. Gemüse und Salatblätter auf Tellern anrichten und mit Parmesan und Speck garnieren.

Birnen im Schlafrock

Für 4 Personen

200 g Vanillecreme
(Rezept S. 170)
40 g Mehl
4 reife Birnen, z. B. Doyenne
du Comice
4 Platten Blätterteig (TK)
2 Eigelb
2 EL Zucker

Außerdem:
Backpapier

Die Hälfte des Rezepts für Vanillecreme zubereiten, aber zusätzlich 40 Gramm Mehl zufügen (das zusätzliche Mehl mit der Speisestärke mischen und erst dann zu den Eiern geben). Vanillecreme kalt stellen. Den Backofen auf 200 °C vorheizen. Birnen schälen und mit dem Apfelausstecher vom Kerngehäuse befreien. Blätterteigplatten ausrollen.

Die Birnen mit Creme füllen, auf den Blätterteig setzen und vorsichtig darin einwickeln. Die Ränder des Blätterteigs mit etwas Wasser einpinseln und übereinanderschlagen. Mit Eigelb bestreichen und mit Zucker bestreuen. Birnen auf einem mit Backpapier ausgelegten Backblech 20 Minuten backen. Sie können mit Vanillesauce serviert werden (Rezept S. 160, Bratäpfel mit Vanillesauce).

Pfirsich-Vanillepudding

Den Vanillepudding können Sie ganz einfach selbst kochen. Im Sommer legen wir immer jede Menge Früchte in Alkohol ein und verwenden sie später, beispielsweise für diesen Pudding. Soll der Pudding kalt serviert werden, dann bereiten Sie ihn bereits am Vortag zu. Aber auch warm ist er ein Gedicht.

Die Pfirsiche in kleine Stücke schneiden. 580 Milliliter Milch mit den Pfirsichstücken und dem ausgekratzten Mark der Vanilleschoten in einen Topf geben und bei mittlerer Hitze langsam zum Kochen bringen. In der Zwischenzeit mit dem Schneebesen die Eigelbe mit dem Zucker schaumig schlagen. Mehl und restliche 20 Milliliter Milch zugeben. Ei-Mischung unter die gekochte Milch rühren und alles 3 Minuten leicht köcheln lassen. Die ausgekratzten Vanilleschoten können Sie für die Herstellung von Vanillezucker verwenden (Rezept S. 173).

Für 4 Personen

8 in Alkohol eingelegte Pfirsiche (ersatzweise reife Birnen)
600 ml Milch
2 Vanilleschoten
2 Eigelb
50 g Zucker
40 g Mehl

Birnentarte mit Honig

Bereiten Sie den Teig bereits am Vortag zu, es lohnt die Mühe! Die Tarte passt wunderbar zum Herbst und ist zusammen mit einem Glas gewürztem warmem Apfelsaft ein wahrer Genuss!

Den Mürbeteig bereits am Vortag zubereiten und über Nacht in den Kühlschrank legen. Am nächsten Tag aus dem Kühlschrank nehmen. Birnen schälen, dabei die Stiele stehen lassen, und in einen großen Topf setzen. Wein und restliche Zutaten zufügen und alles erhitzen. Die Birnen benötigen etwa 15 Minuten, um weich zu werden. Die Flüssigkeit im Topf sollte nicht kochen. Birnen in der Flüssigkeit abkühlen und anschließend abtropfen lassen.

Für die Creme Milch in einem Stieltopf mit 50 Gramm Zucker aufkochen. Eier mit dem restlichen Zucker schaumig rühren. Mehl zugeben und weiter rühren. Zum Schluss langsam zuerst die Milch und dann den Cognac zugießen.

Den Backofen auf 200 °C vorheizen. Die Form einfetten. Den Teig ausrollen und die Backform damit auslegen, dabei einen Rand hochziehen. Die Creme in die Backform geben und die Birnen kreisförmig hineinsetzen. Die Tarte 45 Minuten backen und noch warm mit Honig beträufeln.

Für 8 Personen

Für den Teig:
400 g Mürbeteig
(Rezept S. 170)

Für die Birnen:
7 Birnen, z.B. Doyenné
du Comice
1 l süßer Weißwein
2 Zimtstangen
1 Vanilleschote
3 Sternanis
Saft von 1 Zitrone

Für die Creme:
1/2 l Milch
150 g Zucker
2 Eier
40 g Mehl
20 ml Cognac

Außerdem:
1 Tarteform mit herausnehmbarem Boden von
24 cm Ø
Sonnenblumenöl und Mehl
für die Form
2 EL Honig

Apfelsirup-Tarte mit Granatapfelgelee

Für 10 Personen

Für den Teig:
130 g Butter
260 g Karamellkekse
100 g Butterkekse

Für die Füllung:
6 Blatt Gelatine
80 ml Milch
350 g Apfelsirup
400 ml Sahne
20 g Zucker

Für das Granatapfelgelee:
1 Blatt Gelatine
1/2 Granatapfel
100 ml Zitronenlimonade

Außerdem:
1 EL Sonnenblumenöl für die Form
1 Springform von 24 cm Ø

Für den Teig die Butter bei geringer Hitze zerlassen. Die Kekse in der Küchenmaschine zu feinen Krümeln zerkleinern. Bei laufendem Motor nach und nach die flüssige Butter zugießen. Die Masse in der gefetteten Backform gleichmäßig verteilen und mit der Hand am Boden und am Rand gut festdrücken. Bis zur Weiterverarbeitung in den Kühlschrank stellen.

Für die Füllung die Blattgelatine 10 Minuten in kaltem Wasser einweichen lassen. Milch und Apfelsirup bei geringer Hitze in einem Topf erwärmen und mit dem Schneebesen so lange schlagen, bis sich alle Klümpchen aufgelöst haben. In die noch warme Apfelsirup-Milch die ausgedrückte Gelatine rühren und 10 Minuten abkühlen lassen. Die Sahne mit dem Zucker steif schlagen und langsam die Apfelsirup-Mischung einrühren. Gut rühren, damit sich der Sirup nicht am Boden absetzt. Die Füllung anschließend auf den Teig geben und die Tarte mindestens 3 Stunden im Kühlschrank fest werden lassen.

Für das Granatapfelgelee die Blattgelatine 10 Minuten in kaltem Wasser einweichen lassen. Die Kerne aus dem Granatapfel herauslösen, dabei die weiße Haut dazwischen entfernen. Die Kerne auf der Tarte verteilen. Die Zitronenlimonade leicht erwärmen und die ausgedrückte Gelatine einrühren. Ist die Limonade vollständig abgekühlt, kann sie auf der Tarte verteilt werden. So bleibt das Gelee schön klar. Die Tarte kann nach 15 Minuten serviert werden.

Am einfachsten lässt sich die Tarte aus der Form lösen, wenn ein heißes Messer kurz zwischen Backform und Tarte geschoben wird.

Tarte mit karamellisierten Trauben

Das Mehl in eine Schüssel sieben und das Salz untermischen. Butter zugeben und den Teig gut verkneten. Ei, Milch und Puderzucker untermischen und den Teig nochmals gut durchkneten, zu einer Kugel formen und in Klarsichtfolie wickeln. Den Teig für 1/2 Stunde in den Kühlschrank legen. Backofen auf 180 °C vorheizen. Den Teig aus dem Kühlschrank nehmen und vor dem Ausrollen 1/4 Stunde ruhen lassen. Teig auf einer mit Mehl bestäubten Arbeitsfläche ausrollen und einen Kreis von 26 Zentimetern Durchmesser ausschneiden. Ein Backblech mit Backpapier auslegen, darauf den Teigkreis legen, mehrfach mit einer Gabel einstechen und mit Eigelb bepinseln. 25 Minuten im vorgeheizten Ofen backen, bis der Teig leicht gebräunt ist. Herausnehmen und abkühlen lassen.

Weintrauben in kleine Dolden zu etwa 5 Beeren teilen. Zucker in einem Stieltopf bei geringer Hitze langsam erwärmen, bis er sich aufgelöst hat und leicht gebräunt ist. Vom Herd nehmen und die Trauben in den Karamell tunken. Auf Backpapier legen und 10 Minuten im Kühlschrank fest werden lassen.

Vanillecreme auf dem Tarteboden verteilen und darauf die karamellisierten Trauben anrichten. Die Tarte sofort servieren.

Für 8 Personen

Für den Teig:
225 g Mehl
1 Prise Salz
100 g zimmerwarme Butter
1 Ei
2 EL Milch
50 g Puderzucker
1 Eigelb

Für den Belag:
500 g kernlose Trauben
200 g Zucker

450 g Vanillecreme
(Rezept S. 170)

Außerdem:
Mehl zum Bearbeiten
Backpapier

Winter

Der Garten hält Winterschlaf und wir ruhen uns aus ... Wenn es draußen nicht allzu kalt und das Wetter schön ist, können wir trotzdem noch einiges im Garten tun. Die Scharniere vom Gartentor müssen dringend repariert werden, denn das Tor steht ziemlich schief. Durch den Sturm ist ein Glas vom Gewächshaus geborsten. Es gibt viele kalte Tage. Da unser Garten nah an einem Deich am offenen Meer liegt, pustet der Wind manchmal ganz schön kräftig. Doch ein warmer Kaffee, den wir auf unserem alten Petroleumöfchen kochen, hilft enorm. Im Winter reinigen wir alle Fenster des Gewächshauses sehr gründlich. Dazu benutzen wir das Wasser aus den hölzernen Weinfässern, die uns als Regentonnen dienen. Am Ende des Frühlings bekommen die Fensterscheiben jedes Jahr einen weißen Anstrich, um im Sommer die größte Hitze draußen zu halten. Im Winter muss die weiße Farbe wieder runter, damit im zeitigen Frühjahr ausreichend Sonne hereinkommt und die jungen Pflanzen gut anwachsen können. Das ist auch die Zeit, um zum x-ten Mal die Samenkataloge zu wälzen, die mittlerweile unzählige Eselsohren haben. Jedes Mal wieder schauen wir mit glänzenden Augen, wie Kinder, die zur Weihnachtszeit Spielzeugkataloge studieren.

Der Gemüsegarten besteht aus 4 Beeten, zwischen denen über die gesamte Länge ein Reisigwall verläuft. Der Wall fällt jedes Jahr wieder etwas in sich zusammen, doch wir schichten immer wieder neuen Baumschnitt auf. Darin wimmelt es von Leben und wir schauen gern zu, was so alles nach draußen krabbelt und fliegt. Die Wintermöhren haben wir nach der Ernte in eine große Kiste mit Sand gelegt. So hält sich das Gemüse auch in den kalten Monaten. Früher, als es noch keine Kühlschränke gab, wurde das Gemüse eingegraben. Dazu wurde ein ziemlich tiefes Loch gebuddelt und die Seitenwände mit Stroh ausgelegt. Da hinein kam dann etwa der Knollensellerie und wurde mit Stroh und Erde abgedeckt. Zwischen den einzelnen Knollen musste etwas Platz bleiben, sonst fing das Gemüse an zu schimmeln.

Der Grünkohl wächst prächtig. Wir bauen verschiedene Sorten an. Etwa den Thousand Headed, eine hellgrüne Sorte mit krausen Blättern, die den Winter gut übersteht.
Die Pflanze bildet im Frühjahr prachtvolle junge Blätter aus. Dann haben wir den Cavolo Nero, eine alte Sorte aus der Toskana, mit fast schwarzen Blättern. Daneben wächst der gewöhnliche Westländer Wintergrünkohl. Im Februar können wir beinahe wieder in die Gartensaison starten. Dann werden die Samentütchen hervorgekramt. Am liebsten mögen wir Samen, der nicht so häufig zu finden ist. Deshalb probieren wir ständig neue Sorten aus. Nicht immer ist das ein Erfolg, doch meistens wächst daraus das allerschönste Gemüse.

Cremiger Joghurt mit Trockenfrüchten, Waldhonig und frischer Vanille

Am Vortag ein Sieb mit einem Küchentuch auslegen und über eine Schüssel legen. Den Joghurt hineingeben und über Nacht in den Kühlschrank stellen. Am nächsten Morgen die Sahne mit dem Zucker steif schlagen und mit dem ausgekratzten Mark der Vanilleschoten unter den gut abgetropften Joghurt rühren. Die Trockenfrüchte in einem Schälchen anrichten und den Joghurt daraufgeben. Mit Honig beträufeln.

Tipps: Der Zucker kann weggelassen oder durch Honig ersetzt werden. Wird Zucker verwendet, nur sparsam mit Honig süßen. Die ausgekratzten Vanilleschoten können für die Herstellung von Vanillezucker verwendet werden (Rezept S. 173).

Für 4 Personen

1 l Sahnejoghurt
150 ml Sahne
30 g Zucker
2 Vanilleschoten
150 g Trockenfrüchte
(z. B. Feigen, Aprikosen, Datteln, Apfelringe)
Waldhonig

Gewürzkuchen
mit karamellisierter Quitte

Für 6 Personen

Für den Gewürzkuchen:
500 g Mehl
1 Päckchen Backpulver
300 g brauner Zucker
10 g Spekulatiusgewürz
4 g Ingwerpulver
150 g Honig
200 ml Milch
75 g Haselnusskerne
200 g Rosinen

Für die Quitten:
2 Quitten
Saft von 1 Zitrone
150 g Zucker

Außerdem:
1 Kastenform
1 EL Sonnenblumenöl für
die Form

Für den Gewürzkuchen den Backofen auf 160 °C vorheizen. Die Kastenform mit Öl einfetten. Mehl, Backpulver, Zucker und Gewürze in einer Schüssel gut mischen. Honig und Milch bis auf einen kleinen Rest zugeben. Haselnüsse und Rosinen unterrühren. Der Teig sollte schwer reißend vom Löffel fallen. Eventuell noch etwas Milch zugeben. Teig in die gefettete Form füllen und 1 1/2 Stunden im Backofen backen. Der Kuchen ist gar, wenn er sich an den Seiten von der Form löst. Bei der Garprobe mit einem Metallspieß sollte kein Teig kleben bleiben.

Für die Quitten die Früchte der Länge nach in dicke Scheiben schneiden und mit Wasser und Zitronensaft in 10 Minuten sehr weich kochen. Quitten aus dem Wasser nehmen und gründlich trockentupfen. Zucker in einer Pfanne schmelzen lassen, bis er sich hellbraun verfärbt. Quittenscheiben hineingeben. Nach einigen Minuten die Quitten wenden und von der anderen Seite ebenfalls leicht bräunen. Die karamellisierten Scheiben zusammen mit dem Gewürzkuchen servieren.

Zwiebelsuppe mit Dunkelbier

Für 8 Personen

1 1/2 kg Zwiebeln, geschält
4 Knoblauchzehen, geschält
75 g Butter
4 EL Olivenöl
6 EL Mehl
4 l Rinderbrühe (Rezept
S. 168 oder Brühwürfel)
300 ml Dunkelbier,
z. B. belgisches Bier
8 Wacholderbeeren
4 Lorbeerblätter
6 Gewürznelken
1 TL Worcestershire-Sauce
2 Stängel Rosmarin
2 Stängel Thymian
frisch gemahlener Pfeffer
Salz
300 g Gruyère

Wenn ich zum Essen ausgehe, bestelle ich immer Zwiebelsuppe, falls sie auf der Speisekarte steht. Ich habe in meinem Leben bestimmt Hunderte von Zwiebelsuppen gegessen. Genauso geht es mir mit Pasteten. Manchmal schmecken sie enttäuschend, manchmal aber auch phänomenal. Die Zubereitung der Zwiebelsuppe ist etwas zeitaufwendiger als bei anderen Suppen in diesem Buch, denn die Zwiebeln brauchen Zeit, um weich zu werden. Die Suppe ist äußerst schmackhaft und ich nehme immer mindestens zweimal nach. Sie schmeckt am nächsten oder übernächsten Tag sogar noch besser.

Die Zwiebeln in feine Ringe schneiden und den Knoblauch fein hacken. Butter und Olivenöl in einem großen Topf erhitzen, Zwiebeln und Knoblauch darin andünsten. Den Deckel auflegen und 20 Minuten schmoren lassen. Deckel abnehmen und Zwiebeln und Knoblauch bei mittlerer Hitze weitere 20 Minuten dünsten. Zwischendurch immer wieder umrühren. Mehl unterrühren und weitere 5 Minuten garen. Brühe und Bier zur Zwiebelmischung gießen. Die Wacholderbeeren mit dem flachen Messer fein zerdrücken und die Lorbeerblätter fein hacken, damit die Aromen freigesetzt werden. Thymianblätter und Rosmarinnadeln von den Stängeln zupfen. Rosmarinnadeln fein hacken. Alle vorbereiteten Zutaten in die Suppe geben, pfeffern und aufkochen lassen. Bei geringer Hitze die Suppe leicht köcheln lassen. Mit Salz würzen. Den Gruyère reiben und mit etwas Brot zur Suppe servieren.

Winterliche Lauchsuppe

Speckwürfel bei mittlerer Hitze in der Pfanne auslassen und beiseite stellen. Knoblauch und Zwiebeln fein hacken und Lauch
(mit dem Grün) in feine Ringe schneiden. Butter in einem großen Topf zerlassen, aber nicht bräunen. Zuerst den Knoblauch
5 Minuten leicht andünsten. Anschließend Zwiebeln und Lauch
zugeben und alles 10 Minuten bei geringer Hitze schmoren.
Falls das Gemüse am Boden ansetzt, noch etwas Butter zufügen.
Kartoffeln schälen und in Stücke schneiden. Kartoffeln und
Speckwürfel (mit dem Pfannenfett) zum Gemüse geben. Brühe
und Wein zugießen und die Suppe 30 Minuten leicht köcheln
lassen. Die fertige Suppe nach Belieben entweder pürieren oder
direkt servieren.

Für 6 Personen

50 g magere Speckwürfel
4 Knoblauchzehen, geschält
4 mittelgroße Zwiebeln,
geschält
4 Stangen Lauch, geputzt
50 g Butter
4 mittelgroße Kartoffeln
2 l Hühnerbrühe (Rezept
S. 167 oder Fertigprodukt)
150 ml trockener Weißwein

Rotkohlsalat mit Trauben, Nüssen, Gorgonzola und Haselnuss-Dressing

Für 4 Personen

1/2 Kopf Rotkohl
100 ml Rotweinessig
60 g Rohrzucker
frisch gemahlener Pfeffer
1 Prise Salz
50 g Pekannüsse
100 g kernlose Weintrauben
175 g Gorgonzola
Haselnuss-Dressing (Rezept
S. 166)

Die meisten Menschen denken bei Rotkohl an aufwendig zubereitete Speisen. Hier nun ein Rezept für einen einfachen und schnell zubereiteten Salat mit Überraschungseffekt für einen kalten Winterabend.

Den Backofen auf 200 °C vorheizen. Den harten Strunk vom Rotkohl entfernen und den Kohl in sehr feine Streifen schneiden. 700 Milliliter Wasser mit Essig, Rohrzucker, Pfeffer und Salz aufkochen, bis der Zucker sich aufgelöst hat.
Rotkohl in eine Schüssel geben und mit dem Essigwasser übergießen. Gut umrühren und 5 Minuten ziehen lassen. Pekannüsse 8 Minuten im vorgeheizten Backofen rösten und wieder abkühlen lassen. Die Trauben halbieren. Den Käse würfeln oder in Scheiben schneiden. Trauben, Nüsse und Dressing mit dem Rotkohl mischen. Den Käse auf dem Salat anrichten.

Gefüllter Kürbis
mit Lammhackfleisch

Für 6 Personen

6 mittelgroße Patisson-Kürbisse (ersatzweise Zucchini)
1 1/2 TL Salz
30 g Butter
125 g Basmati-Reis
1/2 l Rinderbrühe (Rezept S. 168 oder Fertigprodukt)
2 Knoblauchzehen, geschält
15 g Dill
15 g Petersilie
2 mittelgroße Zwiebeln, geschält
500 g Lammhackfleisch
1/2 TL Curry
1 EL Worcestershire-Sauce
frisch gemahlener Pfeffer

Den Backofen auf 180 °C vorheizen. Von den Kürbissen die oberen Deckel abschneiden, das Fruchtfleisch und die Kerne herauslösen. Kürbisse von innen mit Salz bestreuen und 30 Minuten ruhen lassen. Anschließend mit Wasser ausspülen und trockentupfen. 30 Gramm Butter in der Pfanne zerlassen und den Reis darin anbraten. Dann gerade so viel Brühe zugießen, dass der Reis eben bedeckt ist. Den Reis 8 Minuten kochen und dann in einem Sieb abtropfen lassen. Zwischendurch immer wieder kurz umrühren. Knoblauch und Kräuter sehr fein hacken und die Zwiebeln fein reiben. Hackfleisch mit Knoblauch, Zwiebeln, Curry, Kräutern und Worcestershire-Sauce mischen. Mit Salz und Pfeffer würzen. Die Kürbisse mit der Mischung füllen, Deckel auflegen und in eine Fettpfanne stellen. Brühe zugießen, so dass die Kürbisse zur Hälfte bedeckt sind. Im vorgeheizten Ofen 55 Minuten garen.

Nusscreme-Charlotte

Für 8 Personen

Für den Teig:
90 g Butter
260 g Karamellkekse

Für den Belag:
100 g Mandeln
100 g Haselnusskerne
200 g Puderzucker
300 g zimmerwarme Butter
450 g Vanillecreme
(Rezept S. 170)
ca. 30 Löffelbiskuits

Außerdem:
1 runde Backform von
24 cm Ø
1 EL Sonnenblumenöl

Willem-Jan und mir wird immer ganz warm ums Herz, wenn wir das Oudemanspoort im Zentrum von Amsterdam betreten und am Ende der Bücherstände Els van den Akker entdecken. Els ist Besitzerin eines Kochbuch-Antiquariats und hat immer ein paar Bücher für uns beiseite gelegt, wenn sie weiß, dass wir sie besuchen kommen. Die wahnsinnig nette Frau hat eine Nase für die besten Bücher und bei den meisten Sammlern weiß sie genau, was ihnen in ihrer Sammlung noch fehlt. Unsere schönsten Patisserie-Bücher stammen von ihr, darunter auch ein Buch mit wirklich alten Rezepten, in dem auch diese fantastische Nusscreme-Charlotte zu finden ist.

Den Boden der Backform mit Sonnenblumenöl einpinseln. Für den Teig die Butter bei geringer Hitze zerlassen. In der Zwischenzeit die Kekse in der Küchenmaschine fein zerkrümeln und bei laufendem Motor die Butter zugeben. Die Masse auf dem Boden der gefetteten Backform verteilen, gut festdrücken und für 1/2 Stunde in den Kühlschrank stellen.
Den Backofen auf 200 °C vorheizen. Mandeln und Nüsse auf einem Backblech verteilen und 8 Minuten im Backofen rösten. Herausnehmen, abkühlen lassen, in der Küchenmaschine fein mahlen und mit dem Puderzucker mischen. Butter mit dem Handmixer schaumig rühren und nach und nach die Nuss-Puderzucker-Mischung unterrühren. 5 Minuten weiterrühren. Anschließend nach und nach die Vanillecreme unterziehen. Den Teigboden dünn mit der Creme bestreichen und die Löffelbiskuits mit der Zuckerseite nach außen rundherum hineinstellen. So bleiben die Biskuits besser stehen. Nun die restliche Nusscreme einfüllen. Die Charlotte mindestens 3 Stunden fest werden lassen.

Tipp: Am Vortag oder einige Stunden vorher die Vanillecreme zubereiten, da die Sahne bei der Weiterverarbeitung möglichst kalt sein sollte.

Käsekuchen mit
Zimt, Espresso und Spekulatius

Als ich jung und schlank war und immer nur ans Abnehmen dachte, nahm ich mir fest vor, jeden Tag diesen Kuchen zu essen, wenn ich einmal Oma wäre. So lange habe ich damit nicht gewartet, und das liegt ganz allein am Kuchen!

Die Backform mit Sonnenblumenöl einfetten. Für den Teig Butter bei geringer Hitze zerlassen. Die Kekse in der Küchenmaschine zu feinen Krümeln zermahlen und bei laufendem Motor die Butter untermischen. Die Masse gleichmäßig in der Form verteilen und gut festdrücken. Bis zur weiteren Verwendung in den Kühlschrank stellen.

Für die Füllung Blattgelatine 10 Minuten in kaltem Wasser einweichen. Den Frischkäse mit der Kondensmilch zu einer schaumigen Masse rühren. Milch mit der gut ausgedrückten Gelatine bei geringer Hitze in einem Topf erwärmen. Die Schokolade zufügen und so lange rühren, bis sie geschmolzen ist. Dabei auch kräftig über den Boden rühren, damit die Schokoladenmilch nicht anbrennt. Die Frischkäsemasse unterheben. Topf vom Herd nehmen und die Masse 15 Minuten abkühlen lassen. Die Sahne steif schlafen und zum Schluss Zimt untermischen. Frischkäsemasse zur Sahne geben und mit einem Schneebesen gut unterrühren. Die Masse in die Form füllen und den Kuchen für 3 Stunden im Kühlschrank fest werden lassen.

Für das Gelee Blattgelatine 10 Minuten in kaltem Wasser einweichen. 1 Tasse Espresso zubereiten und Zucker und Blattgelatine zufügen. Die Mischung abkühlen lassen und auf dem abgekühlten Käsekuchen verteilen.

Für 8 Personen

Für den Teig:
160 g Butter
275 g Spekulatius
150 g Karamellkekse

Für die Füllung:
6 Blatt Gelatine
500 g Frischkäse
400 ml Kondensmilch
50 ml Milch
175 g weiße Schokolade
350 ml Sahne
3 TL gemahlener Zimt

Für das Espresso-Gelee:
1 Blatt Gelatine
1 Tasse Espresso (ersatzweise löslicher Espresso)
2 TL Zucker

Außerdem:
1 runde Backform von
24 cm Ø
Sonnenblumenöl für die
Form

Nusstörtchen mit Honig und Schokoladenguss

Dieses Rezept kam mir in den Sinn, als ich bei einem der besten Konditoren von Paris vor dem Ladenfenster stand. Zurück im Gartine habe ich es direkt umgesetzt. Die Schokoladentörtchen sind wirklich köstlich.

Den Backofen auf 200 °C vorheizen. Die verschiedenen Kerne auf einem Blech verteilen und 8 Minuten im Ofen rösten, bis sie hellbraun sind, dann abkühlen lassen. Die Butter bei geringer Hitze schmelzen lassen. Die Kekse in der Küchenmaschine fein mahlen und bei laufendem Motor mit der Butter zu einer krümeligen Masse verkneten. Den Teig in eine Schüssel geben. Die Kerne in der Küchenmaschine grob mahlen und zusammen mit Honig, Vanillezucker und 1 Prise Salz unter den Teig kneten. Backform mit Sonnenblumenöl einfetten und auf ein Backblech setzen, damit sie einen festen Untergrund hat. In jede Vertiefung 1 Esslöffel Nussmasse geben und gut festdrücken. Backform in den Kühlschrank stellen und die Törtchen 1 Stunde fest werden lassen. In der Zwischenzeit Schokolade in einer Schüssel, die auf einem Topf mit kochendem Wasser steht, schmelzen lassen. Die flüssige Schokolade auf die Nusstörtchen gießen und die Backform für weitere 45 Minuten in den Kühlschrank stellen. Törtchen aus der Form lösen und servieren.

Für 10 Personen

65 g Pistazien
35 g Haselnusskerne
40 g Mandeln
65 g Butter
7 Karamellkekse
60 g Honig
2 Päckchen Vanillezucker
2 Prisen Salz
180 g Bitterschokolade

Außerdem:

1 Silikon-Backform mit 10 Vertiefungen von je 4 cm Ø (alternativ: Silikon-Muffinblech mit größeren Vertiefungen)
Sonnenblumenöl für die Form

Schokoladenversuchung à la Trienet

Für 10 Personen

Für den Teig:
125 g Kakaopulver
440 g Mehl
3 TL Natron
1 TL Salz
1 1/2 TL Backpulver
650 g Zucker
150 ml Sonnenblumenöl
325 ml lauwarmes Wasser
325 ml Buttermilch
1 1/2 TL Vanille-Extrakt
2 Eier
2 Eigelb

Für die Schokoladenglasur:
375 g Puderzucker
115 g Kakaopulver
115 g zimmerwarme Butter
100 ml Espresso
1 TL Vanille-Extrakt

Außerdem:
2 runde Backformen von
25 cm Ø
(keine Springformen, da
Teig auslaufen könnte)
Backpapier

Trienet ist eine besonders gute Freundin, die unheimlich leckere Kuchen backt. In ihrer Jugend hat sie einige Jahre in Amerika gelebt und dort diesen Kuchen lieben gelernt. Zurzeit organisiert sie Märkte, auf denen kleine Erzeuger, denen die Herkunft der Nahrungsmittel am Herzen liegt, ihre Produkte anbieten. Viele von ihnen beliefern auch das Gartine.

Für den Teig den Backofen auf 180 °C vorheizen. Die Backform einfetten und den Boden mit Backpapier auslegen. Kakao, gesiebtes Mehl, Natron, Salz und Backpulver in einer Schüssel mischen. Zucker zufügen. Mit dem Handmixer Öl, Wasser, Buttermilch, Vanille, Eier und Eigelbe unter die trockenen Zutaten rühren. Mindestens 1 Minute gut rühren. Den Teig auf die Backformen verteilen und 45 Minuten backen. Garprobe machen: An einem hineingesteckten Metallspieß sollte nichts kleben bleiben. Die Kuchen herausnehmen und in der Backform auf einem Kuchengitter auskühlen lassen. Das Backpapier abziehen. Die Kuchen sollten locker und weich sein.

Für die Schokoladenglasur alle Zutaten gut mischen. Den ersten Kuchen umdrehen und auf eine Tortenplatte legen. Mit einer Schicht Glasur bestreichen, den zweiten Kuchen mit der Unterseite nach oben auflegen und oben und an den Seiten ebenfalls mit der Glasur bestreichen.

Tipp: Um zu verhindern, dass Krümel sich mit der Glasur vermischen, ist es sinnvoll, die Außenseite erst mit einer sehr dünnen Glasurschicht zu bestreichen und den Kuchen für 1 Stunde in den Kühlschrank zu stellen, damit die Glasur fest wird. Dann erst mit der eigentlichen Glasurschicht überziehen. Sie können die Torte mit Kakaopulver oder Schokoladenraspeln bestreuen, doch auch in seiner Schlichtheit ist er ein Traum.

Gefüllte Bratäpfel

Für 4 Personen

Für die Bratäpfel:
45 g Mandeln
4 Äpfel (z. B. Elstar oder
Jonagold)
1 Scheibe Gewürzkuchen
(Rezept S. 134 oder
Fertigprodukt)
abgeriebene Schale von
1/3 Bio-Zitrone
75 g Marzipanrohmasse
2 Eigelb
1 Msp. Zimt
1 winzige Prise Salz

Für die Vanillesauce:
1 Vanilleschote
1/4 l Milch
75 g Zucker
3 Eigelb

**Für den warmen gewürzten
Apfelsaft:**
1/2 l Apfelsaft
1/2 TL Spekulatiusgewürz
abgeriebene Schale von
3 Bio-Orangen

Den Backofen auf 200 °C vorheizen. Mandeln 8 Minuten darin rösten und abkühlen lassen. Vorsichtig Deckel von den Äpfeln abschneiden und bis zur weiteren Verwendung beiseite legen. Kerngehäuse mit einem Apfelausstecher entfernen, dabei versuchen, die Öffnung noch etwas zu vergrößern. Die Äpfel rundherum mit einem scharfen Messer einritzen. So platzen sie beim Backen nicht auf. Die gerösteten Mandeln mit einem Messer zerdrücken. Den Gewürzkuchen zerkrümeln und mit Mandeln, abgeriebener Zitronenschale, Marzipanrohmasse, Eigelben, Zimt und Salz mischen. Die Äpfel mit der Masse füllen und die Deckel wieder auflegen. Äpfel in eine Auflaufform setzen und 40 Minuten im vorgeheizten Backofen backen.

Für die Vanillesauce die Schote aufschlitzen und das Mark herauskratzen. Vanillemark mit Milch und 50 Gramm Zucker in einen Topf geben. Bei mittlerer Hitze zum Kochen bringen. In einer Schüssel die Eigelbe mit dem restlichen Zucker zu einer lockeren Creme aufschlagen. Unter ständigem Rühren die Milch im dünnen Strahl in die Creme gießen. Mischung zurück in den Topf füllen und am Topfboden gründlich rühren. Die Sauce hat die richtige Konsistenz, wenn sie am Rücken eines Holzlöffels einen Film bildet.

Den Apfelsaft mit den Gewürzen und der abgeriebenen Orangenschale leicht erhitzen, etwa 1/2 Stunde ziehen lassen und warm zu den Bratäpfeln servieren.

Samtiger Schokoladenkuchen

Dieser Kuchen ist kinderleicht zuzubereiten und wird von Gartine-Gästen so geliebt, dass sie ihn immer wieder bestellen. Für alle Liebhaber des Kuchens hier nun endlich das heiß begehrte Rezept!

Den Boden der Backform mit Sonnenblumenöl einfetten. Butter bei geringer Hitze zerlassen. Kekse in der Küchenmaschine fein mahlen und bei laufendem Motor die zerlassene Butter zugießen. Den Krümelteig in der Form verteilen und gut festdrücken. Für 1/2 Stunde in den Kühlschrank stellen.

Für die Füllung die Sahne in einen Topf gießen und bei mittlerer Hitze aufkochen. Inzwischen die Schokolade klein hacken. Topf vom Herd nehmen, Schokolade und Butter zugeben. Mit einem Schneebesen gut verrühren und die Masse in die Form gießen. Den Kuchen für mindestens 3 Stunden in den Kühlschrank stellen. Mit einem erwärmten Messer lässt er sich gut aus der Backform lösen.

Für 10 Personen

Für den Teigboden:
1 EL Sonnenblumenöl
90 g Butter
260 g Karamellkekse

Für die Füllung:
1/2 l Sahne
500 g Zartbitterschokolade
100 g Butter

Außerdem:
1 runde Backform von
24 cm Ø
1 EL Sonnenblumenöl für
die Form

Grundrezepte, Marmeladen & Chutneys

Vinaigrette

Ergibt 1/2 Liter

150 ml Weißweinessig
1 mittelgroße Zwiebel,
geschält und fein gewürfelt
3 Knoblauchzehen, geschält
und fein gehackt
90 ml Honig
1/2 EL Senf
1 TL Salz
270 ml Sonnenblumenöl

Alle Zutaten, außer dem Sonnenblumenöl, in der Küchenmaschine 1 Minute gut mischen. Das Öl in dünnem Strahl nach
und nach zugießen.

Rosmarin-Vinaigrette

Rosmarinnadeln von den Stängeln streifen und zusammen mit allen Zutaten außer dem Sonnenblumenöl in der Küchenmaschine 1 Minute gut mischen. Das Öl in dünnem Strahl nach und nach zugießen.

Ergibt 1/2 Liter

75 g Rosmarinnadeln
150 ml Weißweinessig
1 mittelgroße Zwiebel, geschält und fein gewürfelt
3 Knoblauchzehen, geschält und fein gehackt
90 ml Honig
1/2 EL Senf
1 TL Salz
270 ml Sonnenblumenöl

Dressing aus gerösteten Paprikaschoten

Den Backofen auf 220 °C vorheizen. Die Paprikaschoten längs halbieren, von Samen sowie Scheidewänden befreien und in grobe Stücke würfeln. ein Backblech einfetten und die Paprikawürfel darauf verteilen. 30–40 Minuten im Backofen backen. Zwischendurch kontrollieren, ob sie nicht zu dunkel werden. Herausnehmen und auf Zimmertemperatur abkühlen lassen. Die Paprikastücke zusammen mit allen Zutaten außer dem Sonnenblumenöl in der Küchenmaschine 1 Minute gut mischen. Sonnenblumenöl in dünnem Strahl nach und nach zugießen.

Ergibt 1/2 Liter

2 Paprikaschoten, Farbe nach Wahl
150 ml Weißweinessig
1 mittelgroße Zwiebel, geschält und fein gewürfelt
3 Knoblauchzehen, geschält und fein gehackt
90 ml Honig
1/2 EL Senf
1 TL Salz
270 ml Sonnenblumenöl

Außerdem:
Öl für das Backblech

Haselnuss-Dressing

Ergibt 1/2 Liter

150 ml Weißweinessig
1 mittelgroße Zwiebel,
geschält und fein gewürfelt
3 Knoblauchzehen, geschält
und fein gehackt
75 g Rosmarinnadeln
90 ml Honig
1/2 EL Senf
1 TL Salz
270 ml Haselnussöl

Alle Zutaten außer dem Haselnussöl in der Küchenmaschine
1 Minute gut mischen. Haselnussöl in dünnem Strahl nach und
nach zugießen.

Orangen-Dressing

Ergibt 1/2 Liter

1 Bio-Orange
150 ml Weißweinessig
1 mittelgroße Zwiebel,
geschält und fein gewürfelt
3 Knoblauchzehen, geschält
und fein gehackt
90 ml Honig
1/2 EL Senf
1 TL Salz
270 ml Sonnenblumenöl

Die Orange gut 1 Stunde in ausreichend kochendem Wasser garen. Abkühlen lassen und vierteln, eventuelle Kerne entfernen.
Alle Zutaten außer dem Sonnenblumenöl in der Küchenmaschine 1 Minute gut mischen. Sonnenblumenöl in dünnem
Strahl nach und nach zugießen.

Hühnerbrühe

Für die Brühe die Hühnerkarkassen von Haut und Fett befreien und in einen hohen Topf mit kaltem Wasser legen. Wasser einmal aufkochen lassen und anschließend abgießen. 6 Liter frisches Wasser in den Topf gießen. Die übrigen Zutaten zugeben und alles 3 Stunden leicht köcheln lassen, dabei immer wieder Fett abschöpfen. Die Brühe über einem großen Topf durch ein Sieb seihen. Abschmecken und eventuell nachsalzen.

Ergibt 4 Liter

3 kg Hühnerkarkassen, halbiert
125 g Möhren, geputzt und gewürfelt
125 g Zwiebeln, geschält und gewürfelt
125 g Sellerie, geputzt und gewürfelt
100 g Lauch, geputzt und in feine Ringe geschnitten
6 Stängel Thymian
1 großes Bund glatte Petersilie
1 Lorbeerblatt
3 Nelken
16 zerstoßene Pfefferkörner
7 g Salz

Rinderbrühe

Ergibt 4 Liter

3 kg Rinderknochen (vom
Metzger klein gehackt)
60 g Butter
100 g Zwiebeln, geschält und
fein gehackt
75 g Knollensellerie, geputzt
und gewürfelt
75 g Möhren, geputzt und
gewürfelt
3 Knoblauchzehen, geschält
und gehackt
250 g Tomatenmark
75 g Rinderschwarte
6 Stängel Thymian
1 großes Bund glatte
Petersilie
1 Lorbeerblatt
16 zerstoßene Pfefferkörner
7 g Salz

Den Backofen auf 230 °C vorheizen. Butter in eine große Auflaufform geben und die Rinderknochen hineinlegen. Die Knochen im Backofen bräunen, zwischendurch mehrfach wenden.
Gemüse zugeben und ebenfalls bräunen. Fett aus der Form auffangen, Gemüse und Knochen in einen großen Topf geben. Die
Auflaufform mit etwas Wasser ausspülen und diese Flüssigkeit
zu dem Gemüse und den Knochen geben. Mit 6 Litern Wasser
auffüllen und die übrigen Zutaten zugeben. Zum Kochen bringen und 3 Stunden leicht köcheln lassen. Die Brühe über einem
großen Topf durch ein Sieb seihen. Abschmecken und eventuell
nachsalzen.

Gemüsebrühe

Das Gemüse grob würfeln. Butter in einem großen Topf zerlassen, Zwiebel und Lauch darin andünsten. Die übrigen Zutaten zugeben und noch einige Minuten schmoren. 6 Liter Wasser zugießen und salzen. Alles zum Kochen bringen und 50 Minuten leicht köcheln lassen. Die Brühe über einem großen Topf durch ein Sieb seihen. Abschmecken und eventuell nachsalzen.

Ergibt 4 Liter

1 Zwiebel, geschält
150 g Lauch, geputzt
75 g Knollensellerie, geputzt
75 g Kohl, geputzt
50 g Tomaten, geputzt
50 g Fenchel, geputzt
3 Knoblauchzehen, geschält
75 g Butter
2 Lorbeerblätter
3 Nelken
7 g Salz

Mürbeteig

Ergibt 375 g Teig

40 g Haselnusskerne
160 g Mehl
1 Ei
45 g Zucker
115 g Butter
1 Vanilleschote
1 Prise Salz

Am Vortag Haselnüsse in einer Pfanne hellbraun rösten, abkühlen lassen und in der Küchenmaschine sehr fein mahlen. Gesiebtes Mehl in eine Schüssel geben und in die Mitte eine kleine Mulde drücken. Zuerst das Ei, anschließend Zucker, Haselnüsse, Butter, ausgekratztes Vanillemark und Salz hineingeben. Alles rasch zu einem glatten Teig verkneten, in Klarsichtfolie wickeln und über Nacht in den Kühlschrank legen.

Tipp: Die ausgekratzte Vanilleschote kann noch für Vanillezucker (Rezept S. 173) verwendet werden.

Vanillecreme

Ergibt 500 g Creme

1/2 l Milch
1 Päckchen Vanillezucker
oder 10 g selbst gemachter
Vanillezucker (Rezept S. 173)
6 Eigelb
150 g Zucker
40 g Speisestärke

Milch und Vanillezucker in einen Topf geben und zum Kochen bringen. In einer Rührschüssel die Eigelbe mit dem Zucker schaumig schlagen und die Speisestärke einrühren. Die Milch unter ständigem Rühren im dünnen Strahl zugießen. Die Crememasse zurück in den Topf füllen und kurz aufkochen lassen, dabei ständig weiterrühren, damit sie nicht am Boden anbrennt. Die Creme ist fertig, wenn sie kleine Bläschen wirft. In eine Schüssel füllen und Klarsichtfolie auf die Oberfläche legen, damit sich keine Haut bildet.

Mayonnaise

Ei und Eigelbe in die Küchenmaschine geben und in 1 Minute zu einer cremigen Paste schlagen. Senf, Salz und Essig zufügen. Bei laufendem Motor die Hälfte des Sonnenblumenöls in sehr feinem Strahl nach und nach zugießen, bis eine dicke Creme entstanden ist. Bei laufendem Motor 1 Esslöffel Zitronensaft zugeben, dann in sehr feinem Strahl das übrige Öl nach und nach einarbeiten. Mit frisch gemahlenem Pfeffer würzen. Mit etwas Salz und Zitronensaft abschmecken.

Ergibt 500 ml Mayonnaise

1 Ei
2 Eigelb
1 TL Senf
1/2 TL Salz
1 TL Essig
450 ml Sonnenblumenöl
Saft von 1/2 Zitrone
frisch gemahlener Pfeffer

Meerrettich-Mayonnaise

Mayonnaise nach oben stehendem Rezept zubereiten und geriebenen Meerrettich untermischen.

Ergibt 450 ml Mayonnaise

400 ml Mayonnaise
5 EL frisch geriebener Meerrettich

Vanillezucker

Wenn ich Vanilleschoten benötige und die ausgekratzten Schoten nicht mehr für das Rezept verwenden kann, wandern sie in eine große Zuckerdose. Die Schoten können auch später in anderen Gerichten Verwendung finden, in denen Zucker enthalten ist, beispielsweise in der Vanillecreme. Oder die Schote zieht im warmen Gewürz-Apfelsaft.

Vanilleschoten längs aufschneiden und das Mark mit einem Messer herauskratzen. Vanillemark mit dem Zucker mischen. Zucker mit den Vanilleschoten in ein Glas mit Schraubverschluss füllen. Je länger die Vanilleschoten im Zucker liegen, desto mehr Geschmack geben sie ab. Lassen Sie den Vanillezucker mindestens 6 Wochen Aroma annehmen.

Ergibt 1,3 kg Vanillezucker

10 Vanilleschoten
1,3 kg Zucker

Johannisbeermarmelade mit Estragon

Ergibt 12 Gläser

2 kg rote Johannisbeeren, gewaschen
200 ml Apfelsaft
1 kg Gelierzucker 2:1
50 g Estragon

Die Johannisbeeren von den Rispen streifen. Apfelsaft mit den Beeren in einen großen Topf geben, bei mittlerer Hitze erwärmen und langsam zum Kochen bringen. Johannisbeeren mit dem Stabmixer fein pürieren und den Gelierzucker einrühren. Zucker schmelzen lassen. Estragon fein hacken und in die Marmelade rühren. Marmelade in saubere Gläser mit Schraubverschluss füllen.

Himbeermarmelade mit Sternanis

Ergibt 12 Gläser

2 kg Himbeeren, gewaschen
200 ml Apfelsaft
1 kg Gelierzucker 2:1
2–3 TL Anispulver (je nach Geschmack)

Himbeeren mit dem Apfelsaft in einen großen Topf geben und aufkochen lassen. Beeren mit dem Stabmixer fein pürieren und Gelierzucker und Anispulver einrühren. Zucker schmelzen lassen. Marmelade in saubere Gläser mit Schraubverschluss füllen.

Tomatenmarmelade

Diese Marmelade kochen wir im Sommer, wenn reichlich Tomaten zur Verfügung stehen. Die Tomatenmarmelade schmeckt köstlich mit Roquefort und Roggenbrot.

Zitronen mit einem Sparschäler dünn schälen und dann auspressen. Tomaten vierteln und zusammen mit Zitronenschale und -saft in einen großen Topf füllen. Bei mittlerer Hitze langsam zum Kochen bringen. Ingwer fein würfeln und mit dem Gelierzucker zu den Tomaten geben. Die Mischung gut verrühren und dann 20 Minuten leicht köcheln lassen. Marmelade in saubere Gläser mit Schraubverschluss füllen.

Ergibt 14 Gläser

2 Bio-Zitronen
3 kg Tomaten, geputzt
200 g Ingwerwürfel, abgetropft
1 1/2 kg Gelierzucker 2:1

Weihnachtsmarmelade

Die Orangen etwa 40 Minuten in ausreichend Wasser kochen lassen. Die weich gekochten Früchte vierteln und eventuelle Kerne entfernen. In einem großen Topf Cranberrys und rote Früchte zusammen mit Zitronensaft, Orangenstücken, Gewürzen, Aniszucker und Portwein erhitzen und Gelierzucker einrühren. Aufkochen lassen und alles mit dem Stabmixer pürieren. Marmelade in saubere Gläser mit Schraubverschluss füllen.

Ergibt 12 Gläser

2 Bio-Orangen
Saft von 1 Zitrone
500 g Cranberrys, gewaschen
2 kg rote Früchte, gewaschen und geputzt
1 TL gemahlener Zimt
1 TL Nelkenpulver
1/2 TL gemahlener Ingwer
1 EL Anissamen
6 TL Aniszucker
200 ml roter Portwein
1 1/4 kg Gelierzucker 2:1

Lemon-Curd

Ergibt 1,3 l

10 Bio-Zitronen
(für 375 ml Zitronensaft)
1 kg Zucker
375 g Butter
10 Eier

Zitronen mit dem Sparschäler dünn schälen. Die Schalen mit 1 Esslöffel Zucker in der Küchenmaschine fein mahlen. Zitronen auspressen. Zitronensaft, Zitronenschale, Zucker und Butter in einen großen Topf geben und bei geringer Hitze erwärmen, bis die Butter geschmolzen ist. Mischung in eine große Schüssel füllen und diese auf einen Topf mit kochendem Wasser setzen. Eier schaumig schlagen und über dem Wasserbad durch ein Sieb zur Zitronenmischung gießen. Mit dem Schneebesen gut verrühren. Danach etwa alle 5 Minuten gut umrühren. Der Lemon-Curd hat die richtige Konsistenz, wenn ein Rührlöffel, der durch die Creme gezogen wird, eine deutliche Spur hinterlässt. Dann in saubere Gläser mit Schraubverschluss füllen.

Grapefruit-Curd

Ergibt 1,3 l

10 Bio-Grapefruits (für 150 g Schale und 375 ml Saft)
1 kg Zucker
375 g zimmerwarme Butter
10 Eier

Grapefruits mit dem Sparschäler schälen. Die Früchte auspressen. Die Schalen mit 2 Esslöffeln Zucker in der Küchenmaschine fein mahlen. Grapefruitsaft, Grapefruitschalen, Zucker und Butter in einen großen Topf geben und bei geringer Hitze erwärmen, bis die Butter geschmolzen ist. Mischung in eine große Schüssel füllen und diese auf einen Topf mit kochendem Wasser setzen. Eier schaumig rühren und über dem Wasserbad durch ein Sieb zur Grapefruitmischung gießen. Mit dem Schneebesen gut verrühren. Danach etwa alle 5 Minuten gut umrühren. Die Grapefruitcreme hat die richtige Konsistenz, wenn ein Rührlöffel, der durch die Creme gezogen wird, eine deutliche Spur hinterlässt. In saubere Gläser mit Schraubverschluss füllen.

Chutney von schwarzen Johannisbeeren

Einige Arbeiten im Garten kann man ruhig ein paar Tage nach hinten verschieben, andere hingegen erlauben keinerlei Aufschub. Im letzten Sommer wusste ich genau, dass die schwarzen Johannisbeeren am selben Tag noch gepflückt werden mussten, sonst würden sie vom Strauch fallen. Nach einem anstrengenden Tag im Café landeten Willem und ich bei schlechtem Wetter im Stau und kamen erst anderthalb Stunden später im Garten an. Bei Regen pflückten wir alle Beeren ab, die noch am Strauch hingen. Müde und zufrieden hatten wir die Arbeit fast hinter uns, als wir unglücklicherweise die Eimer voller Beeren umwarfen. Sie landeten allesamt im hohen Gras. Das war wirklich der einzige Abend in unserem Gemüsegarten, den ich nicht in guter Erinnerung behalten habe …

Die Beeren von den Rispen streifen. Äpfel schälen, vom Kerngehäuse befreien und würfeln. Zwiebeln und Knoblauchzehen fein hacken. Chilischote aufschlitzen, die Samen entfernen und die Schote fein würfeln. In einem großen Topf Essig mit Zucker und Salz mischen. Unter Rühren langsam zum Kochen bringen und 5 Minuten kochen lassen. Beeren, Äpfel, Zwiebel, Knoblauch, Senfsamen, Chili, Ingwer, Zimt und Nelke zufügen und alle Zutaten aufkochen. Die Masse 50 Minuten leicht köcheln lassen, bis ein dickliches Chutney entstanden ist. In saubere Gläser mit Schraubverschluss füllen.

Ergibt 15 Gläser

1 kg schwarze Johannisbeeren
1 kg Äpfel, z. B. Elstar
500 g Zwiebeln, geschält
2 Knoblauchzehen, geschält
1 kleine rote Chilischote
1/2 l Rotweinessig
300 g feiner brauner Zucker
1 EL Salz
1 EL Senfsamen
1/2 TL Ingwerpulver
1/2 TL Zimtpulver
1 Nelke

Gelber Tomatenketchup

Die Hälfte des Essigs zusammen mit Tomaten, Zwiebeln, Paprikaschoten und 1/2 Knoblauchknolle (ungeschält) 25 Minuten leicht köcheln lassen. Knoblauchknolle entfernen und den restlichen Essig zusammen mit den übrigen Zutaten hinzufügen. Die Masse zum Kochen bringen und anschließend 2 Stunden bei geringer Hitze köcheln lassen. Eventuell noch mit dem Kartoffelstampfer etwas zerkleinern. Ketchup in saubere Gläser füllen.

Ergibt 12 Gläser

1/4 l Weißweinessig
2 1/2 kg gelbe Tomaten
2 mittelgroße Zwiebeln, geschält und gewürfelt
2 gelbe Paprikaschoten, geputzt und gewürfelt
1/2 Knoblauchknolle
1/2 grüne Chilischote, geputzt und vom Samen befreit
125 g feinster Zucker
1 TL Salz
1/2 EL Selleriesamen
1/2 TL Ingwerpulver
etwas abgeriebene Muskatnuss
1/2 EL Senfpulver
1/2 TL Kurkumapulver

Feigen-Chutney

Ergibt 12 Gläser

1 kg reife Feigen
1 kg Äpfel, z. B. Elstar
1/2 kg Zwiebeln, geschält
und gewürfelt
2 Knoblauchzehen, geschält
und gehackt
5 cm frischer Ingwer,
geschält
1/2 l Rotweinessig
300 g feiner hellbrauner
Rohrzucker
1 EL Salz
1 EL Senfsamen

Stiele von den Feigen entfernen. Äpfel schälen und vom Kerngehäuse befreien. Feigen und Äpfel fein würfeln. Zwiebeln und
Knoblauch fein würfeln. Ingwer reiben. In einem großen Topf
Essig mit Zucker und Salz mischen. Unter Rühren langsam zum
Kochen bringen und 5 Minuten köcheln lassen. Feigen, Äpfel,
Zwiebeln, Knoblauch, Ingwer und Senfsamen zufügen und
erneut aufkochen. In 50 Minuten bei geringer Hitze zu einem
dicken Chutney einkochen. Feigen-Chutney in saubere Gläser
mit Schraubverschluss füllen.

Register